Das XXL Basische Ernährung Kochbuch für Anfänger

Einfache und schmackhafte Rezepte zur Regulierung des Säure-Basen-Haushalts und Entgiftung des Körpers inkl. 14-Tage Detoxkur

Barbara Deutschmann

ISBN – 9798407378969

Inhaltsverzeichnis

EXKLUSIVER BONUS

35 exklusive Abnehmrezepte

inkl. 14-Tage-Abnehmplan, um dauerhaft Bauchfett zu verlieren und schlank zu bleiben

Halten Sie Ihre Handykamera einfach auf den QR Code und kommen Sie so zu dem Gratis-Download:

QR-Code mit Kamera scannen und GRATIS Bonus erhalten:

In Balance sein ...

... bedeutet, in Harmonie zu sein, die „Goldene Mitte“ gefunden zu haben, ausgeglichen zu sein.

Genau diese Philosophie steht hinter der Idee der basischen Ernährung, die ganz konkret eine physische Balance herstellt, die sich schließlich nicht nur auf das körperliche Wohlbefinden auswirkt, sondern auch auf das seelische.

Worin besteht dieses Gleichgewicht? Was hat es mit dem pH-Wert auf sich, von dem man in diesem Zusammenhang immer wieder hört?

Und warum ist das so wichtig?

Der sogenannte pH-Wert gibt an, wie sauer oder wie basisch eine Lösung ist – je niedriger der Wert ist, desto „saurer“, je höher, desto basischer. Eine Lösung mit dem pH-Wert 7 ist neutral.

Für uns Menschen ist dabei das Allerwichtigste der pH-Wert des Blutes, der ziemlich genau 7,4 betragen muss - schon ein Wert unter 7,35 kann lebensbedrohlich werden.

Da wir ja nicht dauernd über unser Essen nachdenken oder auch nicht abschätzen können, wie sauer oder wie basisch ein Lebensmittel ist, sorgt unser Organismus dafür, dass dem Blut-pH-Wert nichts passiert: Er versucht sozusagen „mit aller Kraft“ diesen lebensnotwendigen Zustand aufrechtzuerhalten.

Wenn wir jedoch stark säurebildende Nahrung zu uns nehmen, machen wir ihm diese Aufgabe nicht gerade leicht: Er gleicht einem Marathonläufer, der knapp vor dem Kollaps steht.

Um diesen Vorgang etwas zu veranschaulichen, hier ein klassisches Beispiel:

Sie essen eine köstliche Pizza mit Schinken, jeder Menge Mozzarella und einem knusprigen Pizzaboden. Herrlich!

Für Ihren Körper leider nicht so ganz, diese Pizza bedeutet Schwerarbeit für ihn – sie ist eine typische säurebildende Mahlzeit. Bei der Verstoffwechselung Ihrer fantastischen Schinken-Pizza entstehen im Körper jede Menge Säuren, die sich ätzend auf die Zellen auswirken können, weshalb sie unschädlich gemacht werden müssen. Für die Neutralisierung dieser Säuren muss Ihr Körper so einiges opfern – Calcium, Kalium, Magnesium ... basische Puffersubstanzen, die eigentlich für andere Aufgaben da sein sollten als dafür, eine Schinkenpizza „unschädlich" zu machen.

Natürlich ist nichts einzuwenden gegen eine Pizza, ein Stück Torte oder einen Big Mac hin und wieder, doch wird diese Ernährungsweise zur (schlechten) Gewohnheit, herrscht bald eklatanter Mineralstoffmangel in Ihrem Organismus, der sich in den unterschiedlichsten Beschwerden äußern kann, von Osteoporose über Krampfadern und Haarausfall bis zu Arteriosklerose.

Auch das Immunsystem leidet unter der Übersäuerung, zudem werden unerwünschte Pilze und Bakterien angelockt – Hautausschläge, Kopfschmerzen und Blutzuckerschwankungen können unter anderem die Auswirkungen davon sein.

Wenn hier von „Übersäuerung" die Rede ist, so ist damit vor allem das Ungleichgewicht gemeint, das durch eine stark säurebildende Ernährung verursacht wird. Jeder Bereich des Organismus hat seinen eigenen Säure- oder Basenwert, bei dem er bestmöglich funktioniert. So sind Bindegewebe, Lymphe oder Gallenflüssigkeit idealerweise basisch, Magen und Dickdarm hingegen lieben das saure Milieu.

Eine basenüberschüssige Ernährung kann hier das gesunde Gleichgewicht wiederherstellen.

Dick = übersäuert?

Das wird jetzt sicher viele interessiert aufhorchen lassen: Auch Übergewicht und Fettdepots auf Bauch und Hüfte können ein Anzeichen chronischer Übersäuerung sein. Fettzellen eignen sich nämlich bestens, um Säuren, bzw. deren Schlacken, die nach der für den Organismus mühsamen Entsäuerung geblieben sind, einzulagern.

Natürlich werden Säuren auch ausgeschieden, doch mit der Flut an säurelastigen und säurebildenden Nahrungsmitteln, die den Körper überschwemmen, sind die Ausscheidungsorgane (Nieren, Leber, Haut, Lunge ...) überfordert. Und dann wird eingelagert ...

Wenn das keine Motivation ist, etwas mehr auf die Ernährung zu achten ...?

Was genau ist basische Ernährung?

Kurz gesagt ist es eine Ernährungsweise, bei der basenbildende Nahrungsmittel überwiegen und auf säurebildende weitgehend verzichtet wird. Basenbildend sind hauptsächlich pflanzliche Lebensmittel, säurebildend tierische Produkte, das umfasst nicht nur Fleisch, sondern auch Eier und Milchprodukte. Es gibt allerdings auch pflanzliche Nahrung, die sauer verstoffwechselt wird und daher bei einer reinen Basen-Kur vermieden werden muss (zum Beispiel Weizenprodukte).

Unter den säurebildenden Lebensmitteln gibt es eine weitere Unterteilung in gute und schlechte Säurebildner.

Man kann vom Geschmack allein eines Lebensmittels nicht sagen, ob es „sauer“ oder „basisch“ ist – es geht darum, wie es im Körper verstoffwechselt wird. Beispiel: Zitronen oder Grapefruits schmecken sauer, liefern dem Körper jedoch Magnesium und Kalium, die basisch sind, daher sind diese Früchte letztendlich basenbildend, also „basisch“.

Die nachfolgende Auflistung zeigt daher nicht den dem Lebensmittel innewohnenden Säuregrad an, sondern die Wirkung auf den menschlichen Körper.

Zu den Tabellen: Sie erheben keinen Anspruch auf Vollständigkeit. Wir geben hier die Übersicht über einige besonders häufig verwendete Nahrungsmittel.

schwach sauer	stark sauer
nährstoffreich und gesund, dennoch nicht zu viel davon genießen und immer mit basenbildenden Lebensmitteln kombinieren	**konsequent vermeiden**
*Vollkorngetreide, Vollkornprodukte	*stark verarbeitete Produkte, Fastfood
*Hafer und Haferflocken	*Fertigprodukte
*Hülsenfrüchte	* Milchprodukte: Camembert, Gouda, Schmelzkäse, Cheddar, Scheiblettenkäse
*Vollkornreis	*Getreideprodukte aus Weißmehl (Kuchen, Torten, Nudeln)
*Hirse	*Frühstücks-Cerealien
*Nüsse	*Fleisch- und Wurstwaren
*Saaten und Samen	*Fleischbrühe
*Pseudogetreide (Amaranth, Quinoa, Buchweizen)	*Fisch- und Meeresfrüchte
*fermentierte Soja-Produkte	*Eier aus Massenhaltung
*hochwertige tierische Produkte wie z.B. Bio-Eier oder Fisch; Sauerrahm, frische Sahne, Joghurt	*Industriezucker und alle Produkte, die ihn enthalten
*Rhabarber	*Kaffee und koffeinhaltige Getränke
*Rosenkohl	*Schwarztee
*Kichererbsen (1)	*Softdrinks
*Bitterschokolade	*Getränke mit Kohlensäure, Eistee
*Brot	*Alkohol
*Knäckebrot	*Gemüse aus Konserven
*Mais	*industrielle Chips und Pommes Frites
*Süßen, möglichst wenig: Agavendicksaft, Honig, Dattelsirup	*Erdnüsse
(1) Kichererbsen sind in gekeimtem Zustand basisch, ungekeimt schwach sauer	*Mayonnaise

basisches Obst	basisches Gemüse	basische Pilze und Kräuter	basische Getränke
Apfel	Artischocken	Austernpilze	*Wasser
Ananas	Auberginen	Champignons	*Wasser mit Zitronensaft, Apfelessig oder Kräutern (Melisse, Salbei, Pfefferminze …)
Aprikose	Batate (Süßkartoffel)	Morcheln	*ungesüßte Kräuter- und Früchtetees ohne Aromazusatz
Banane	Blumenkohl	Shiitake	*grüner Tee ohne Milch und Zucker
Birne	Brokkoli	Steinpilze	*Smoothies (ohne tierische Milch und ohne Zucker)
Brombeeren	Erbsen	Pfifferlinge	*Gemüsesaft (ohne Zucker)
Datteln	Gurken	Bohnenkraut	*Mandelmilch
Erdbeeren	Grünkohl	Borretsch	
Feigen	Kartoffeln	Brennnessel	
Grapefruit	Kichererbsen gekeimt	Dill	
Heidelbeeren	Kohlrabi	Estragon	
Himbeeren	Kürbis	Koriander	
Kirschen	Mangold	Kümmel	
Kiwi	Paprika	Liebstöckl	
Limette	Pastinake	Majoran	
Mandarine	Radieschen	Melisse	
Mango	Rote Bete	Oregano	
Melone	Rotkohl	Petersilie	
Orangen	Sellerie	Pfefferminze	
Pfirsich	Spargel	Rosmarin	
Stachelbeeren	Spinat	Salbei	
Trockenfrüchte	Tomaten	Schnittlauch	
Weintrauben	Topinambur	Thymian	
Zitronen	weiße Bohnen		
Zwetschken	Weißkohl		
	Wirsing		

... und was bewirkt sie?

Basenreiche / basenüberschüssige oder „basische“ (100% basische Lebensmittel) Ernährung:

Welche Benefits können Sie erwarten?

*Entsäuerung, indem überschüssige Säuren und Schlacken ausgeleitet werden

*neue Schlacken (saure Stoffwechselrückstände) können sich erst gar nicht ansammeln, weshalb auch keine Fettdepots mehr zur Endlagerung toxischer (giftiger) Stoffe angelegt werden müssen.

*Der Körper wird ausreichend mit den notwendigen Mineralien und Spurenelementen versorgt und bei seinen Stoffwechselvorgängen bestens unterstützt.

*sie wirkt entzündungshemmend wegen des hohen Gehalts an Antioxidantien und guten Fettsäuren

*sie sorgt für Unterstützung des Immunsystems und für Darmgesundheit durch Stabilisierung der idealen Darmflora

*sie enthält ausreichend Wasser, sodass die Ausscheidungsorgane ihre Arbeit perfekt erledigen können

*Das gesunde Säure-Basen-Gleichgewicht wird wiederhergestellt.

Der Einstieg – wie beginnen?

Die Umstellung von einem Tag auf den nächsten liegt nicht jedem und ist etwas für sehr Entschlossene. Wenn Sie zu diesen Menschen gehören, empfehlen wir, erst mal drei Tage Basenfasten einzulegen. Dabei beschränken Sie sich auf rein basische Lebensmittel und halten die Energiezufuhr unter 800 Kalorien.

Ein 3-Tage-Einstieg könnte zum Beispiel so aussehen (die mit ** bezeichneten Speisen finden Sie in diesem Kochbuch):

Tag 1:

**Green Smile (grüner Smoothie)

*Blattsalat mit Gurke, Tomate, Olivenöl, etwas Zitronensaft und Sonnenblumenkernen

**Exotic-Smoothie

**Brokkoli-Suppe

Tag 2:

*Obstsalat aus 1 Kiwi, 1 Orange, 1 Banane, 2 Datteln, 1 EL Orangensaft

** Möhren-Ingwer-Suppe

* Gemüse-Rohkost: 1 Möhre, 1/2 Kohlrabi, 1/2 Salatgurke, 2 Radieschen, mit 1 EL Öl abgemacht und mit frischen Kräutern bestreut

*2 Pellkartoffeln mit **Avocado-Salsa

Tag 3:

**Hirse-Bowle

**Kiwi-Grapefruit-Smoothie

**Weißkohl Asia

*Obstmus: 1 Apfel, 1 Birne schälen und in kleine Stückchen schneiden, dünsten, pürieren und mit etwas Zimt und 1/2 TL Agavendicksaft abschmecken

Um Ihren Körper beim Entschlacken noch mehr zu unterstützen, ist es wichtig, auch ausreichend Bewegung zu machen, etwa eine Stunde täglich.

Trockenbürsten – mit einer geeigneten Bürste von unten nach oben Beine, Rumpf und Arme bürsten.

Was auch sonst gilt, das gilt erst recht für die Zeit des Basenfastens: Ausreichend trinken, jedoch nur basische Getränke (siehe Tabelle) und Alkohol auf jeden Fall meiden.

Es wird empfohlen, eine rein basische (100%) Ernährung nicht länger als etwa eine Woche einzuhalten. Etwas Gutes kann, im Übermaß, den gegenteiligen Effekt haben: Ist der Körper dann vor allem basisch, so stellt das ebenso ein Ungleichgewicht dar, das dem Organismus schadet.

Auf lange Sicht ist eine basenüberschüssige Ernährung anzustreben, etwa im Verhältnis 70% zu 30% oder 80% zu 20%.

Wenn Sie nicht so schnell entschlossen sind und sich lieber Schritt für Schritt herantasten, so können Sie damit beginnen, mal eine Mahlzeit am Tag bewusst basenüberschüssig zu gestalten oder Sie ersetzen nach und nach Getreideprodukte durch Quinoa, Buchweizen und Hirse. Ihre Salate und Beilagen peppen Sie mit Keimlingen und Sprossen auf und statt eines süßen Snacks bereiten Sie sich eine kleine Schüssel Obstsalat mit Rosinen ... Glutenfreie Nudeln aus Hirse oder Buchweizen und Vollkorndinkel ersetzen Pasta aus Hartweizen, Vollkornreis den weißen Reis ...

So werden Sie nach und nach das Gefühl dafür entwickeln, wie Sie mithilfe sinnvoll zusammengestellter Ernährung Ihren Säure-Basenhaushalt in Balance halten – denn darum geht es letzten Endes, das ist der Knackpunkt.

Wenn Sie unseren 14-Tage-Menüplan durchgehen, so wird Ihnen auffallen, dass wir in der zweiten Woche an einigen Tagen bereits in Richtung „Mischkost" gehen, also Vollkornreis oder Dinkelpasta oder mal Vollkorngebäck in der Planung mit dabei sind.

Mithilfe unserer Tabelle können Sie sich ganz leicht orientieren, wie Sie unsere Rezepte nach Ihrem Geschmack ergänzen und abändern können.

Wie Sie sehen, ist es keine Hexerei, sich basenreich und gesund zu ernähren – schieben Sie es nicht auf bis zum nächsten Jahreswechsel, auch nicht bis zum nächsten Montag – beginnen Sie doch gleich morgen damit!

Sie werden es rundum genießen, Ihrem Körper Gutes zu tun!

REZEPTE

FRÜHSTÜCK

„Wake Up"-Smoothie

Zutaten für 1 Portion:

- 2 Soft-Datteln, entkernt
- 50 g Erdbeeren, geputzt
- 50 g Heidelbeeren
- 1 Apfel, entkernt, mit der Schale in Stücke geschnitten
- 1 TL Hanfsamen
- 250 ml Mandelmilch
- ½ Limette, Saft und Schalenabrieb

NÄHRWERTE:

262 KCAL | 36,6 G KOHLEHYDRATE | 4,8 G EIWEISS | 9,2 G FETT

Zubereitung:

Geben Sie alle Zutaten in einen Mixer und mixen sie zu dickflüssiger Konsistenz.

Superfood-Smoothie

Zutaten für 2 Portionen:

- 300 ml Kokoswasser
- 100 ml Kokosmilch
- 1 kleine Banane
- 50 g Heidelbeeren
- 30 g Himbeeren
- 50 g Babyspinat
- 1/2 TL Ingwerpulver
- 1/2 TL Kurkuma
- 30 g geschrotete Leinsamen
- 1 TL Hanfsamen

NÄHRWERTE PRO PORTION:

214 KCAL | 17,8 G KOHLEHYDRATE | 2,8 G EIWEISS | 13,7 G FETT

Zubereitung:

Füllen Sie alle Zutaten außer Lein- und Hanfsamen in einen Mixer und mixen sie zu dickflüssiger Konsistenz.

Servieren Sie den Smoothie mit Hanf- und Leinsamen bestreut.

Exotic-Smoothie

Zutaten für 1 Portion:

- 1 reife, weiche Mango
- 1 kleine reife Banane
- 1/2 Orange, Saft
- 1 Kiwi
- 1 TL Kokosraspel

NÄHRWERTE:

311 KCAL | 50,6 G KOHLEHYDRATE | 3,4 G EIWEISS | 8,5 G FETT

Zubereitung:

1. Schälen, putzen und zerkleinern Sie die Früchte und mixen sie in einem Mixer cremig.
2. Rühren Sie den Orangensaft in den Smoothie ein und bestreuen ihn mit Kokosraspeln.

Himbeer-Mandelmilch-Smoothie

Zutaten für 2 Portionen:

- 120 g Himbeeren
- 1 kleine reife Banane
- 250 ml Mandelmilch, ungesüßt
- 1/2 Limette / Saft
- 1/2 TL Agavendicksaft
- 1 EL Erdmandelflocken
- 1 EL Mandelmus

NÄHRWERTE PRO PORTION:

160 KCAL | 21,9 G KOHLEHYDRATE | 2,7 G EIWEISS | 5 G FETT

Zubereitung:

Geben Sie alle Zutaten in einen Mixer und mixen sie zu cremiger Konsistenz.

Sollte der Smoothie zu dickflüssig sein, geben Sie noch etwas Wasser zu.

Erdbeer-Spinat-Smoothie

Zutaten für 2 Portionen:

- 150 g Babyspinat
- 80 g Erdbeeren
- 1 Limette / Saft
- 1 EL Mandelmus
- 250 ml Kokoswasser
- 1 TL gehackte Pinienkerne

NÄHRWERTE PRO PORTION:

119 KCAL | 9,6 G KOHLEHYDRATE | 4 G EIWEISS | 6,4 G FETT

Zubereitung:

1. Rösten Sie die Pinienkerne in einer Pfanne ohne Öl.
2. Geben Sie die restlichen Zutaten in einen Mixer und mixen sie zu cremiger Konsistenz.

   Bestreuen Sie den Smoothie mit Pinienkernen.

Green Smile

Zutaten für 2 Portionen:

- 100 g Blattsalat (z.B. Feldsalat)
- 100 g Brokkoli in kleinen Röschen (ungekocht)
- 1 kleine Banane
- 100 ml Kokoswasser
- 1/2 Salatgurke
- 1 EL Petersilienblättchen
- Wasser zum Auffüllen

NÄHRWERTE PRO PORTION:

75 KCAL | 11,9 G KOHLEHYDRATE | 3,5 G EIWEISS | 0,7 G FETT

Zubereitung:

1. Gemüse gut waschen, eventuell schälen und in Stückchen zerschneiden.
2. Alles in einen Mixer geben und zu einem cremig-dickflüssigen Smoothie verarbeiten.

Basisches Frühstücks-Müsli

Zutaten für 1 Portion:

- 1 kleine Banane, geschält und in Scheiben geschnitten
- 1 Apfel, entkernt und kleingeschnitten
- 20 g Erdmandelflocken
- 1/2 TL Orangensaft
- 20 g Walnüsse, grob gehackt
- 1 Dattel, entkernt und in Scheiben geschnitten
- 1 TL Agavendicksaft

NÄHRWERTE:

485 KCAL | 67,9 G KOHLEHYDRATE | 6,6 G EIWEISS | 18,1 G FETT

Zubereitung:

1. Rösten Sie die Walnüsse mit dem Agavendicksaft in einer Pfanne ohne Öl kurz an, bis die Nüsse knusprig und mit Dicksaft überzogen sind.
2. Vermengen Sie in einer Müslischale das Obst und die Erdmandelflocken miteinander und bestreuen das Müsli mit den gerösteten Walnüssen.

Reis-Müsli

Zutaten für 1 Portion:

- 50 g Vollkornreis
- 150 ml ungesüßte Mandelmilch
- 50 ml Wasser
- 1 EL Dattelmus
- 1 Kiwi
- 1 Passionsfrucht
- 2 EL Mandelmus
- 1 TL Sesamsaat

NÄHRWERTE:

355 KCAL | 59 G KOHLEHYDRATE | 7,4 G EIWEISS | 8,2 G FETT

Zubereitung:

1. Bringen Sie die Mandelmilch + Wasser zum Kochen und streuen den Reis ein. Lassen Sie ihn etwa 40 Minuten leicht köcheln, wobei Sie immer wieder mal umrühren.
2. Schälen Sie die Kiwi und schneiden sie in mundgerechte Stücke, ebenso die Passionsfrucht.
3. Mischen Sie Dattel- und Mandelmus unter den fertigen Reis, belegen ihn mit den Früchten und toppen mit Sesamsaat.

Porridge

Zutaten für 1 Portion:

- 2 EL Quinoaflocken
- 2 EL Erdmandelflocken
- 150 ml warme Mandelmilch (ungesüßt)
- 1 kleiner Apfel
- 1 kleine Banane
- 1 getrocknete Feige (ungeschwefelt)
- 1 getrocknete Aprikose (ungeschwefelt)
- 1 TL gehackte Pistazien
- 1 kräftige Prise Zimt

NÄHRWERTE:

456 KCAL | 65,4 G KOHLEHYDRATE | 9,4 G EIWEISS | 14,4 G FETT

Zubereitung:

1. Übergießen Sie Quinoa- und Erdmandelflocken mit der warmen Mandelmilch und lassen sie einige Minuten quellen.
2. Währenddessen schneiden Sie den Apfel, die Banane und die Trockenfrüchte klein.
3. Vermengen Sie den Brei mit den Früchten und bestreuen ihn mit etwas Zimt und den Pistazien.

Good Morning-Bowle

Zutaten für 2 Portionen:

- 80 g Buchweizen
- 2 getrocknete Feigen (ungeschwefelt), in schmale Streifen geschnitten
- 300 ml Mandelmilch
- 150 ml Wasser
- 2 kleine Bananen, geschält und in Scheiben geschnitten
- 100 g Erdbeeren, geputzt und geachtelt
- 50 g Heidelbeeren
- 1 Apfel, entkernt und mit der Schale in Stifte geschnitten
- 1 Prise Zimt
- 2 EL Kokosraspeln

NÄHRWERTE PRO PORTION:

361 KCAL | 62,1 G KOHLEHYDRATE | 6,6 G EIWEISS | 7,8 G FETT

Zubereitung:

1. Weichen Sie den Buchweizen abends ein und spülen ihn am nächsten Morgen in einem Sieb gut ab. Danach zerkleinern Sie ihn im Mixer auf etwa Bulgurkorn-Größe.
2. Geben Sie den zerkleinerten Buchweizen zusammen mit Mandelmilch und Wasser in einen Topf, fügen die Feigen hinzu und lassen alles 10 Minuten köcheln, danach schalten Sie die Hitze ab und lassen den Brei zugedeckt noch etwa 10 Minuten ziehen.
3. Richten Sie den Buchweizen-Porridge in zwei Schüsseln an, legen rundum die Beeren, Bananenscheiben und Apfelstifte auf und toppen mit Zimt und Kokosraspeln.

Hirse-Bowle

Zutaten für 2 Portionen:

- 100 g Hirse
- 100 ml Wasser + 140 ml Mandelmilch
- 4 Aprikosen
- 1 EL Rosinen
- 1/4 TL Zimt
- 1 EL Kokosraspeln

NÄHRWERTE PRO PORTION:

368 KCAL | 55,3 G KOHLEHYDRATE | 7,7 G EIWEISS | 11,2 G FETT

Zubereitung:

1. Kochen Sie die Wasser-Mandelmilch-Mischung auf und köcheln die Hirse darin etwa 20 Minuten.

   Danach drehen Sie den Herd ab und lassen die Hirse noch einige Minuten quellen.
2. Währenddessen schneiden Sie die Aprikosen in Spalten und dünsten sie zusammen mit den Rosinen in 1 EL Wasser.
3. Füllen Sie die Hirse in 2 Müsli-Schüsseln, geben das gedünstete Obst darauf, bestreuen es mit Zimt und toppen mit den Kokosraspeln.

Frühstücks-Rösti

Zutaten für 2 Portionen:

- 4 gekochte Kartoffeln (ca. 400 g)
- 2 EL geschmacksneutrales Pflanzenöl
- 4 EL frische Kresse
- 4 EL Pesto Rosso (Rezept siehe „Kleine Gerichte, Beilagen & Snacks)
- Salz, Pfeffer

NÄHRWERTE PRO PORTION:

345 KCAL | 36,5 G KOHLEHYDRATE | 5,9 G EIWEISS | 18 G FETT

Zubereitung:

Reiben Sie die gekochten Kartoffeln grob und rösten sie in heißem Öl rundum gut an. Schmecken Sie mit Salz und Pfeffer ab.

Servieren Sie das Rösti mit je 2 EL Pesto Rosso und mit frischer Kresse bestreut.

HAUPTMAHLZEITEN

Kürbis-Grünkohl Bowle

Zutaten für 3 Portionen:

- 1 Butternut-Kürbis, ca. 1,2 Kilo
- 6 große Blätter Grünkohl
- 1 Apfel
- 1 Avocado
- 1 Bund gehackte frische Petersilie
- 1 Tasse Quinoa
- 2 EL natives mildes Olivenöl
- 1 Limette
- 1/2 TL Agavendicksaft oder Honig
- 2 Zehen Knoblauch, durch die Knoblauchpresse gedrückt
- Salz, Pfeffer

NÄHRWERTE PRO PORTION:

579 KCAL | 53,8 G KOHLEHYDRATE | 14,4 G EIWEISS | 30,2 G FETT

Zubereitung:

1. Schälen Sie den Kürbis, entfernen die Kerne und schneiden ihn in gleichmäßig große Würfel (etwa 1,5 cm).
2. In einer ausreichend großen ofenfesten Form, in der die Würfel nicht übereinander liegen, braten Sie diese bei 200°C etwa 40 Minuten.
3. In der Zwischenzeit waschen Sie die Quinoa zweimal gründlich mit heißem Wasser und setzen sie mit der doppelten Menge Wasser auf. Das Wasser zum Kochen bringen, etwa 10 Minuten köcheln lassen, dann den Herd abschalten und noch 15 Minuten quellen lassen.
4. Für den Salat entfernen Sie aus den Grünkohlblättern die Rippen, schneiden das Grün in nicht zu schmale Streifen und geben sie in eine Schüssel.
5. Das Dressing für den Grünkohl bereiten Sie aus dem Saft der Limette, 1 EL Olivenöl, Agavendicksaft und Knoblauch und schmecken mit Salz und Pfeffer ab. Übergießen Sie den Grünkohl damit und lassen ihn vor dem Servieren etwa 10 Minuten darin ziehen.
6. Wenn die Quinoa fertig gegart ist, mischen Sie sie mit dem Grünkohl und mischen gut durch.
7. Schneiden Sie den Apfel in nicht zu dünne Stifte und mischen diese ebenfalls unter.
8. Vermengen Sie die gebratenen Kürbiswürfel mit Petersilie und Olivenöl und würzen mit Salz und Pfeffer.
9. Schälen und entkernen Sie die Avocado und schneiden sie in Scheiben.
10. Richten Sie die Bowl an, indem Sie Kürbiswürfel und Salat nebeneinander anrichten und mit den Avocadoscheiben toppen.

Afrikanischer Eintopf

Zutaten für 4 Portionen:

- 200 g Löwenzahnblätter (ersatzweise Babyspinat)
- 700 g Tomaten
- 2 Zwiebeln, grob gehackt
- 4 Stangen Frühlingszwiebel, grob zerkleinert
- 1 TL Oregano
- 1/2 TL Basilikum
- 1/2 TL Thymian
- 1/2 TL Dille, feingehackt (oder trocken)
- 1 TL Zwiebelpulver
- 250 g Austernpilze
- 1 EL Avocadoöl
- 200 g gekochte Kichererbsen
- 120 g Quinoa
- Salz, Pfeffer

NÄHRWERTE PRO PORTION:

309 KCAL | 41,2 G KOHLEHYDRATE | 12,6 G EIWEISS | 7,5 G FETT

Zubereitung:

1. Waschen Sie den Spinat und schneiden ihn in Streifen.
2. Geben Sie Tomaten, Zwiebeln und Frühlingszwiebeln mit Thymian, Oregano und Basilikum in einen Mixer und mixen es gründlich durch, bis eine dickflüssige Soße entstanden ist. Geben Sie die Soße in einen Topf und lassen sie etwa 10 Minuten köcheln.
3. Währenddessen bereiten Sie die Quinoa zu, indem Sie sie zunächst gründlich zweimal mit heißem Wasser waschen und sie dann mit der doppelten Menge Wasser in einen Topf geben.

   Bringen Sie das Wasser zum Kochen, drehen die Hitze zurück und lassen die Quinoa etwa 10 Minuten köcheln.

   Danach schalten Sie den Herd ab und lassen die Quinoa 15 bis 20 Minuten ausquellen.
4. Dann geben Sie den Spinat zur Tomaten-Zwiebel-Soße und rühren ihn unter. Nehmen Sie dann den Topf vom Herd.
5. Putzen und schneiden Sie die Pilze und pressen die Feuchtigkeit, so gut es geht, aus.
6. Schneiden Sie die Pilze klein, würzen sie mit Oregano, Dille, Basilikum, Thymian und Zwiebelpulver und braten sie in Avocadoöl. Danach geben Sie sie zusammen mit den gegarten Kichererbsen zum bereits köchelnden Eintopf.

   Lassen Sie alles zusammen noch kurz köcheln, danach bei geschlossenem Deckel und abgeschaltetem Herd einige Minuten ziehen.

   Servieren Sie den Eintopf mit Quinoa.

Exotischer Nudelauflauf

Zutaten für 4 Portionen:

- 1 Butternut-Kürbis
- 2 rote Zwiebeln
- 15 Okra-Schoten
- 100 g Quinoa
- 100 g Paranüsse, 8 Stunden eingeweicht
- 2 EL Tahin (Sesampaste)
- 2 EL Zwiebelpulver
- 1/2 Limette / Saft
- 2 EL Sesamöl
- 300 g Kamut®-Pasta
- (Kamut® ist eine alte Getreidesorte, die wieder vermehrt angebaut wird; die Bezeichnung „Kamut“ ist eine geschützte Bezeichnung für Khorasan-Weizen).
- Salz

NÄHRWERTE PRO PORTION:

436 KCAL | 35,5 G KOHLEHYDRATE | 15,3 G EIWEISS | 23,4 G FETT

Zubereitung:

1. Schälen Sie den Kürbis, entfernen die Kerne und schneiden ihn grob in etwa gleich große Stücke. (Die Kürbiskerne können Sie aufbewahren und rösten).

   Vierteln Sie die Zwiebeln und nehmen die Schichten auseinander.
2. Geben Sie beides in eine feuerfeste Form und backen es bei 200°C etwa 1 Stunde im Ofen.
3. Währenddessen schneiden Sie die Okraschoten in nicht zu kleine Stücke und kochen sie 15 Minuten in etwa 1/2 Liter Wasser im offenen Topf. Dadurch entsteht eine gelartige Soße, von der Sie etwa 250 ml brauchen.
4. Geben Sie den weichgebackenen Kürbis mit den Zwiebeln, die Paranüsse und etwa 100 ml Okra-Gel in einen Mixer und mixen alles etwa 1 Minute gut durch, sodass eine cremige Soße entsteht. Dann fügen Sie Tahin zu, mixen noch mal weiter, gießen etwa 50 ml Wasser zu und mixen noch mal kurz durch.
5. Kochen Sie nun die Kamut®-Pasta laut Packungsanleitung und stellen sie erst mal zur Seite.
6. In einem großen Topf erhitzen Sie das Sesamöl, fügen das Kürbispüree zu, rühren es gut ein und lassen es 5 Minuten köcheln. Dann gießen Sie 150 ml Okra-Gel dazu, mengen Salz und Zwiebelpulver unter.
7. In einem Hochleistungsmixer mahlen Sie die Quinoa zu Mehl und rühren sie zum Kürbispüree. Sorgfältig und langsam einrühren, damit keine Klümpchen entstehen.

   Falls notwendig, rühren Sie etwas Wasser dazu.
8. Fügen Sie Limettensaft zu und rühren ihn ein. Lassen Sie nun die Soße etwa 10 Minuten bei mittlerer Hitze kochen.
9. Danach rühren Sie die fertig gekochte Pasta gut ein und lassen alles noch mal kurz durchkochen.
10. Gießen Sie die Masse in eine feuerfeste Form und überbacken den Auflauf etwa 5 Minuten im heißen Ofen.

Cremige Gemüsenudeln

Zutaten für 4 Portionen:

- 300 g Kamut®-Spirelli (Kamut® ist die geschützte Bezeichnung für Khorasan-Weizen)
- Salz
- Soße:
- 1 + 1 TL Traubenkernöl
- 1 kleine Zwiebel, fein gehackt
- 400 g Champignons, blättrig geschnitten
- 25 g Kichererbsenmehl
- 300 ml Kokosmilch
- 1 TL Oregano
- 1 TL Basilikum
- 2 TL Zwiebelpulver
- 2 große Tomaten, fein gewürfelt
- 200 g Grünkohl
- Salz, Pfeffer

NÄHRWERTE PRO PORTION:

491 KCAL | 49,9 G KOHLEHYDRATE | 16 G EIWEISS | 22,7 G FETT

Zubereitung:

1. Kochen Sie die Spirelli al dente und stellen sie erst mal zur Seite.

   Schneiden Sie den gut gewaschenen Grünkohl in schmale Streifen.
2. Für die Soße erhitzen Sie 1 TL Öl und braten darin unter ständigem Rühren bei mittlerer Hitze Zwiebel, Grünkohl, Tomaten und Champignons an, bis sie weich sind. Würzen Sie mit Salz und Pfeffer und geben nun noch mal 1 TL Öl zu.
3. Gießen Sie etwa 200 ml Wasser und die Kokosmilch zu und schmecken mit den angegebenen Gewürzen ab.
4. Rühren Sie nun das Kichererbsenmehl ein, und zwar sehr sorgfältig, es sollten keine Klümpchen dabei entstehen.
5. Lassen Sie die Soße etwa 15 Minuten bei geringer Hitze köcheln, bis sie gut eingedickt ist.

   Dann rühren Sie die Spirelli ein.

Linsen-Eintopf

Zutaten für 4 Portionen:

- 200 g rote Linsen
- 600 ml Gemüsebrühe (Rezept siehe „Kleine Gerichte, Beilagen & Snacks)
- 1 große Zwiebel, gewürfelt
- 4 Zehen Knoblauch, durch die Knoblauchpresse gedrückt
- je 1 gelbe und rote Paprikaschote, gewürfelt
- 200 g grüne Bohnen, geputzt und halbiert
- 1 EL Öl
- 500 g stückige Tomaten
- 2 EL gegarter Mais
- 2 EL Mandelmus
- 1 EL Zwiebelpulver
- 1 kräftige Prise Cayennepfeffer
- Salz, Pfeffer

NÄHRWERTE PRO PORTION:

343 KCAL | 49,1 G KOHLEHYDRATE | 19,5 G EIWEISS | 6 G FETT

Zubereitung:

1. Kochen Sie die Linsen etwa 10 Minuten in der Gemüsebrühe.
2. Rösten Sie in einem großen Topf in Öl die Zwiebel, die Paprikawürfel, den Knoblauch und die grünen Bohnen an und löschen mit den stückigen Tomaten ab. Gießen Sie etwas Wasser auf, falls nötig und lassen es so lange köcheln, bis das Gemüse gar ist.
3. Dann fügen Sie den Mais und die bereits gekochten Linsen zu, kochen noch mal kurz durch und rühren das Mandelmus ein.
4. Würzen Sie den Eintopf mit Zwiebelpulver, Cayennepfeffer, Salz und Pfeffer.

Gemüsefrikadellen mit Blumenkohl-Püree

Zutaten für 4 Portionen:

- 1 Zucchini
- 1 Möhre
- 1 Pastinake
- 200 g Kürbis
- 1 Zwiebel
- 50 g Quinoaflocken
- 3 EL Buchweizenmehl
- 3 EL Kartoffelmehl
- 2 TL Currypulver
- 1 kräftige Prise Koriander
- 3 EL Rapsöl
- Salz, Pfeffer, edelsüßer Paprika
- Blumenkohlpüree:
- 1/2 Kopf Blumenkohl
- Salz, Muskat

NÄHRWERTE PRO PORTION:

217 KCAL | 27,8 G KOHLEHYDRATE | 5,3 G EIWEISS | 11,3 G FETT

Zubereitung:

1. Zucchini schälen und grob raffeln, Pastinake und Möhre schälen, putzen und fein raffeln. Den Kürbis ebenfalls fein raffeln.

   Vermengen Sie das Gemüse in einer Schüssel gut miteinander.
2. Fügen Sie Mehl und Flocken hinzu, ebenso die Gewürze und verkneten alles miteinander. Lassen Sie den Teig 1/2 Stunde kühl rasten.
3. Währenddessen bereiten Sie das Blumenkohl-Püree zu: Zerpflücken Sie den Blumenkohl in Röschen und kochen ihn in Salzwasser weich. Gießen Sie den größten Teil des Wassers ab und pürieren den Blumenkohl.

   Schmecken Sie mit Salz und Muskat ab.
4. Nach der Ruhezeit formen Sie aus dem Gemüseteig Frikadellen und braten diese in Öl heraus, bis sie goldbraun sind.

   Die Frikadellen schmecken auch kalt als Snack mit Dip (zum Beispiel Avocado-Salsa, Rezept bei „Kleine Gerichte, Beilagen und Snacks“).

Kartoffel-Bodja

Zutaten für 4 Portionen:

- 600 g Kartoffeln
- 2 große rote Zwiebeln, fein gehackt
- 2 Stangen Lauch
- 1 EL Hefeflocken
- 4 EL Avocadoöl
- Salz, Pfeffer

NÄHRWERTE PRO PORTION:

257 KCAL | 30,8 G KOHLEHYDRATE | 6,2 G EIWEISS | 10,6 G FETT

Zubereitung:

1. Schälen Sie die Kartoffeln und schneiden sie in kleine Würfel.
2. Waschen Sie den Lauch sorgfältig und schneiden ihn dann in schmale Ringe.
3. In einer Pfanne rösten Sie im heißen Öl die Zwiebel an und geben dann die Kartoffelwürfel zu. Rösten Sie unter dauerndem Wenden weiter, die Kartoffeln sollen gut angebraten sein.
4. Geben Sie nun den Lauch dazu und rösten unter Rühren und Wenden alles weiter, bis die Kartoffeln durchgebraten sind. Sollten sie noch nicht gar sein, schließen Sie die Pfanne mit einem Deckel, drehen die Hitze herab und lassen das Gericht so lange schmoren, bis die Kartoffeln fertig sind.

   Schmecken Sie mit Salz und Pfeffer ab und bestreuen die Bodja zum Servieren mit Hefeflocken.

Fasolia à Coco mit Kartoffelpüree

Zutaten für 4 Portionen:

- 1 Kilo grüne Bohnen
- 200 ml cremige Kokosmilch
- 50 ml Gemüsebrühe (Rezept siehe „Kleine Gerichte, Beilagen & Snacks")
- 1 Zwiebel, fein gehackt
- 3 EL Tomatenpüree
- 1 TL Paprikapaste (Ajvar)
- 1 TL edelsüßer Paprika
- Salz, Pfeffer
- Kartoffelpüree:
- 500 g Kartoffeln, mehlige Sorte
- 1 TL Sesamöl
- Salz, Muskat

NÄHRWERTE PRO PORTION:

343 KCAL | 34,7 G KOHLEHYDRATE | 10,2 G EIWEISS | 15,5 G FETT

Zubereitung:

1. Waschen und putzen Sie die Bohnen (Enden abschneiden) und schneiden sie in kurze Stücke.
2. Kochen Sie in einem Topf die Kokosmilch mit der Brühe auf und geben Zwiebel, Tomaten, Paprikapaste und Gewürze zu. Lassen Sie alles mal kurz durchkochen und geben dann die grünen Bohnen zu.
3. Nun so lange bei kleiner Hitze köcheln lassen, bis die grünen Bohnen gegart sind.
4. Währenddessen bereiten Sie das Kartoffelpüree zu:
   a. Schälen Sie die Kartoffeln und schneiden sie in kleine Stückchen.
   b. Garen Sie die Kartoffeln in etwas Salzwasser weich, gießen einen Teil des Wassers weg und pürieren die Kartoffeln mit dem restlichen Wasser.
   c. Rühren Sie das Öl ein und schmecken mit Salz und Muskat ab.

Indisches Möhren-Curry

Zutaten für 2 Portionen:

- 400 g Möhren
- 50 g rote Linsen
- 2 Zwiebeln, fein gewürfelt
- 2 EL Rosinen
- 40 g Mandeln
- 250 ml Möhrensaft
- 1 cm geriebener frischer Ingwer
- 1 TL Currypulver
- 1/2 Bund gehackte frische Petersilie
- 1 EL gehackter frischer Koriander
- 2 EL Öl
- 1/2 TL Agavendicksaft
- 1 EL Kokosmilch
- etwas Zitronensaft zum Abschmecken
- Cayennepfeffer
- Salz

NÄHRWERTE PRO PORTION:

519 KCAL | 52,4 G KOHLEHYDRATE | 15,8 G EIWEISS | 24,2 G FETT

Zubereitung:

1. Schälen Sie die Möhren und schneiden sie in nicht zu kleine Stifte.
2. Erhitzen Sie Öl in einer Pfanne und dünsten darin Zwiebel und Möhren mit dem Agavendicksaft.
3. Dann fügen Sie die Rosinen, den Ingwer und das Currypulver zu, gießen mit Möhrensaft auf und rühren die Kokosmilch ein. Einmal aufkochen, dann die Linsen zugeben und alles etwa 15 Minuten köcheln lassen.
4. Währenddessen rösten Sie die Mandeln unter ständigem Rühren in einer Pfanne ohne Öl und hacken sie dann grob.
5. Schmecken Sie das Curry mit Salz, Cayennepfeffer und Zitronensaft ab und bestreuen es zum Servieren mit Petersilie, Koriander und Mandeln.

Rotkohlgemüse mit Süßkartoffelpüree

Zutaten für 4 Portionen:

- 1/2 Kopf Rotkohl, in feine Streifen geschnitten oder gehobelt
- 2 Zwiebeln, in Halbringe geschnitten
- 1 großer Apfel, geschält, entkernt, gewürfelt
- 2 EL geschmacksneutrales Pflanzenöl
- 1/2 TL Agavendicksaft
- 250 ml + 3 EL Gemüsebrühe (Rezept siehe „Kleine Gerichte, Beilagen & Snacks“)
- 1 EL Zitronensaft
- 1 Prise Cayennepfeffer
- 1/2 TL Currypulver
- 800 g Süßkartoffeln (Batate)
- Salz, Pfeffer

NÄHRWERTE PRO PORTION:

331 KCAL | 58 G KOHLEHYDRATE | 5,3 G EIWEISS | 6,6 G FETT

Zubereitung:

1. Dünsten Sie Zwiebel und Rotkohl in Öl an, schmecken mit Salz, Pfeffer, Zitronensaft und Agavensirup ab und gießen mit Gemüsebrühe auf.

   Lassen Sie das Gemüse etwa 30 Minuten köcheln. Etwa 10 Minuten, bevor es gar ist, geben Sie noch den aufgeschnittenen Apfel zu und schmoren ihn mit.
2. Für das Püree schälen Sie die Süßkartoffeln, schneiden sie in Würfel und kochen sie in Salzwasser weich.
3. Gießen Sie das Wasser ab, zerdrücken die Süßkartoffeln, geben etwas Brühe dazu, die Sie gut einrühren und schmecken mit Salz, Pfeffer und Currypulver ab.

Warmer Quinoa-Avocado-Salat

Zutaten für 6 Portionen:

- 3 Avocados
- 150 g Quinoa
- 400 g gekochte Kichererbsen, erwärmt
- 2 EL gehackte frische Petersilie
- 1/2 Limette / Saft
- 1 EL Sesamöl
- Salz, Pfeffer

NÄHRWERTE PRO PORTION:

417 KCAL | 25,6 G KOHLEHYDRATE | 8,3 G EIWEISS | 28,6 G FETT

Zubereitung:

1. Kochen Sie die Quinoa nach Packungsanleitung.
2. Für die Marinade verrühren Sie Limettensaft mit Öl und schmecken mit Salz und Pfeffer ab.
3. Schälen Sie die Avocados und schneiden sie in schmale Spalten.
4. Vermengen Sie die Quinoa mit den Kichererbsen, gießen die Marinade dazu und heben die Avocadospalten vorsichtig unter.
5. Servieren Sie den Salat noch warm mit Petersilie bestreut.

Vegetarisches Sushi

Zutaten für 12 Röllchen:

- 200 g Vollkornreis
- 50 ml Reisessig
- 1/2 TL Agavendicksaft
- 4 Blatt Nori (Algenblätter)
- 1 rote (geröstete) Paprikaschote
- 100 g Möhren
- 120 g Salatgurke
- 30 g Alfalfa-Sprossen
- Salz

NÄHRWERTE PRO RÖLLCHEN:

35 KCAL | 6,7 G KOHLEHYDRATE | 1,3 G EIWEISS | 0,1 G FETT

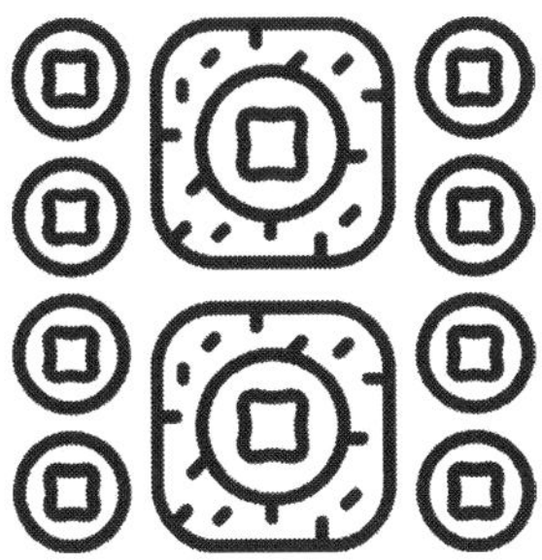

Zubereitung:

1. Waschen Sie den Reis sorgfältig.

   Bringen Sie etwa die doppelte Menge (400 ml) Wasser zum Kochen und streuen den Reis ein.

   Drehen Sie die Hitze zurück und lassen den Reis bei kleinster Hitze köcheln, bis er das ganze Wasser absorbiert hat. Sollte noch Wasser bleiben, nachdem der Reis gar ist, schütten Sie es weg.
2. In der Zwischenzeit erhitzen Sie den Reisessig und rühren Salz und Agavendicksaft ein. Rühren und köcheln Sie solange, bis sich Agavendicksaft und Salz aufgelöst haben. Kühlen Sie den Sud im Kühlschrank, er sollte für die Weiterverarbeitung kalt sein.
3. Währenddessen schneiden Sie Paprikaschote und Möhren in sehr feine Stifte, die Gurke in dünne Scheiben.
4. Wenn der Sud ausreichend gekühlt ist, rühren Sie ihn in den Reis ein und lassen den Reis noch mal 5 Minuten mit dem Sud ziehen.
5. Breiten Sie ein Nori-Blatt auf einer Sushi-Rollmatte oder einem Küchenhandtuch aus, streichen eine Lage Reis darauf und lassen dabei auf einem der breiten Ränder etwa 2 cm frei.
6. Auf das erste Drittel der Reisschicht geben Sie nun eine Lage Gurkenscheiben, darauf Möhren- und Paprikastifte und schließlich eine Schichte Alfalfasprossen.
7. Rollen Sie nun das Noriblatt samt Füllung mithilfe der Sushi-Rollmatte (des Küchenhandtuchs) auf und drücken es am Saum zusammen, sodass es gut zusammenhält.
8. Mit einem scharfen Messer schneiden Sie jede Nori-Rolle in 4 Sushi-Röllchen.

Fenchelsalat mit Pellkartoffeln

Zutaten für 2 Portionen:

- 500 g Frühkartoffeln mit dünner Schale
- 100 ml Gemüsebrühe (Rezept siehe „Kleine Gerichte, Beilagen & Snacks“)
- 2 TL Paprikapaste (Ajvar)
- 3 EL Essig
- 200 g Knollenfenchel
- 1 Zehe Knoblauch, durch die Knoblauchpresse gedrückt
- 1/2 TL getrocknete Dille
- 1 EL Rapsöl
- Salz, Pfeffer

NÄHRWERTE PRO PORTION:

256 KCAL | 48 G KOHLEHYDRATE | 8,6 G EIWEISS | 0,9 G FETT

Zubereitung:

1. Waschen und bürsten Sie die Kartoffeln und kochen sie in der Schale weich. Schneiden Sie sie in mundgerechte Stücke.
2. Erhitzen Sie die Gemüsebrühe und rühren die Paprikapaste, den Knoblauch, das Öl und den Essig ein und würzen mit Dille.

   Übergießen Sie die Kartoffeln damit und lassen sie etwa 1 Stunde marinieren.
3. In der Zwischenzeit schneiden Sie den Fenchel in feine Streifen, salzen ihn ein und lassen ihn eine halbe Stunde ziehen.

   Danach tupfen Sie den Fenchel ab und mischen ihn mit den Kartoffeln. Schmecken Sie den Salat mit Salz und Pfeffer ab.

Ruck-Zuck-Zucchini

Zutaten für 2 Portionen:

- 300 g Zucchini
- 200 g gekeimte Kichererbsen (Anleitung zum Keimen beim Rezept „Gemüse-Curry mit gekeimten Kichererbsen", Tag 4 des Menüplans)
- 2 Zehen Knoblauch, in dünne Blättchen geschnitten
- 2 EL Rapsöl
- 1 TL Zwiebelpulver
- 2 EL Sesamsaat
- 1 EL gehackte frische Petersilie
- Salz, Pfeffer

NÄHRWERTE PRO PORTION:

253 KCAL | 20,7 G KOHLEHYDRATE | 10,5 G EIWEISS | 16,4 G FETT

Zubereitung:

1. Schneiden Sie die Zucchini in nicht zu dünne Scheiben (etwa 0,5 cm), braten sie in sehr heißem Öl rasch von beiden Seiten an und nehmen sie aus der Pfanne.
2. Im selben Öl braten Sie die gekeimten Kichererbsen an und fügen dann die Knoblauchblättchen hinzu. Rösten Sie beides, bis der Knoblauch zu duften beginnt, dann geben Sie die Zucchinischeiben noch mal in die Pfanne, schmecken mit Salz und Pfeffer ab und bestreuen die Mahlzeit mit Petersilie und Sesamsaat.

Soba-Bowle

Zutaten für 3 Portionen:

- 150 g Buchweizennudeln (Soba)
- 1 Avocado, geschält, entkernt und in Scheiben geschnitten
- 200 g Mangold, in Streifen geschnitten
- 1 große Möhre, geschält und in Stifte geschnitten
- 2 Stangen Frühlingszwiebeln, in breite Röllchen geschnitten
- 50 g Rucola
- 2 Zehen Knoblauch, in dünne Blättchen geschnitten
- 100 g Austernpilze, blättrig geschnitten
- 1 TL Agavendicksaft
- 2 EL Sesamöl
- 1 EL Sesamsaat
- 1 EL Sesampaste (Tahin)
- 30 g Pinienkerne
- 6 Cherrytomaten, halbiert
- 1 TL Zwiebelpulver
- Salz

NÄHRWERTE PRO PORTION:

457 KCAL | 16,2 G KOHLEHYDRATE | 12,4 G EIWEISS | 34,7 G FETT

Zubereitung:

1. Erhitzen Sie Öl in einer ausreichend großen Pfanne und braten darin Knoblauch, Frühlingszwiebeln, die Möhre und Pilze an.

   Schließen Sie den Deckel, lassen das Gemüse etwa 5 Minuten schmoren und rühren ab und zu um.
2. Verrühren Sie Tahin mit Agavendicksaft, Zwiebelpulver, Salz und etwa 100 ml Wasser und geben es mit dem Mangold zum Gemüse in der Pfanne.

   Mengen Sie alles gut durch und schmoren weitere 3 Minuten bei geschloss-enem Deckel.
3. Kochen Sie die Buchweizennudeln laut Packungsanweisung.

   Rösten Sie Sesamsaat und Pinienkerne in einer Pfanne ohne Öl.
4. Zum Servieren geben Sie in jede Schüssel eine Portion Soba, daneben das geschmorte Gemüse und den Rucola, auf den Rucola die Tomatenhälften und einige Scheiben Avocado.

   Toppen Sie mit Sesamsaat und Pinienkernen.

KLEINE GERICHTE, BEILAGEN & SNACKS

Gemüse-Omelette

Zutaten für 2 Portionen:

- 100 g Kichererbsenmehl
- 200 ml prickelndes Wasser
- 1 Prise Kurkuma
- 1 EL Öl
- Salz, Pfeffer
- Füllung:
- 1 große Möhre, geputzt und in Scheiben geschnitten
- 200 g grüne Bohnen, Enden abgeschnitten und halbiert
- 1 kleine Staude Brokkoli, die Röschen abgezupft (Stamm für Suppe aufheben, siehe „Kleine Gerichte, Beilagen und Snacks“)
- 1 kleine Zwiebel, gehackt
- 1 cm geriebener frischer Ingwer
- ½ TL Currypulver
- 1 EL weißes Mandelmus
- 1 EL Avocadoöl

NÄHRWERTE PRO PORTION:

427 KCAL | 42,8 G KOHLEHYDRATE | 19,8 G EIWEISS | 15,9 G FETT

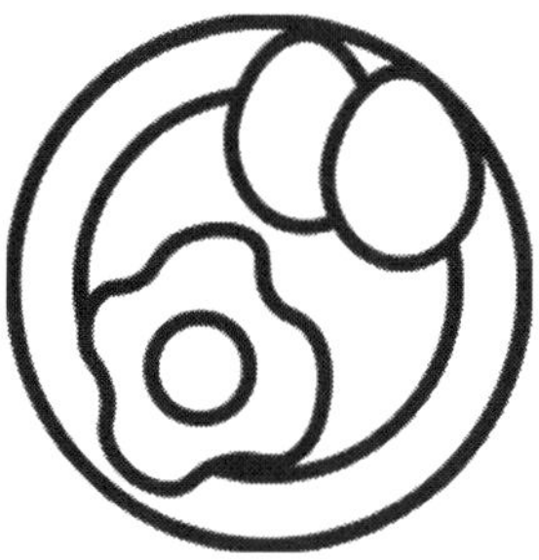

Zubereitung:

1. Bereiten Sie als erstes die Füllung zu.

   Dafür braten Sie die Möhrenscheibchen, die grünen Bohnen und die Zwiebel in Öl an und fügen etwas später den Ingwer hinzu, braten ihn etwa 1 Minute mit.
2. Würzen Sie mit Curry, Salz und Pfeffer, löschen mit etwa 150 ml Wasser ab und lassen alles etwa 10 Minuten köcheln.
3. Geben Sie nun die Brokkoliröschen zum Gemüse, rühren das Mandelmus ein und lassen alles weitere 5 Minuten zugedeckt köcheln, bis das Wasser verdampft ist.
4. Für die Omeletts verrühren Sie das Kichererbsenmehl sowie Salz und Pfeffer mit dem prickelnden Wasser, sodass ein glatter, sämiger Teig entsteht.
5. Erhitzen Sie in einer Pfanne Öl und backen die Omeletts auf jeder Seite etwa 2 bis 3 Minuten, eventuell bei geschlossenem Deckel. Die Omeletts zerreißen nicht, wenn sie lange genug gebacken wurden und lassen sich dann problemlos umdrehen.
6. Belegen Sie die Omeletts mit dem Gemüse und rollen sie halb auf.

Pilzpfanne

Zutaten für 2 Portionen:

- 50 g Champignons
- 100 g Austernpilze
- 1 große Zwiebel
- 1 rote Paprikaschote
- 1 EL Traubenkernöl
- 1/2 Limette / Saft
- 1 EL Zwiebelpulver
- 1/2 TL geriebener frischer Ingwer
- 1 Prise Cayennepfeffer
- 1 Prise Koriander
- 4 große Salatblätter von grünem Salat
- Salz, Pfeffer

NÄHRWERTE PRO PORTION:

156 KCAL | 8,4 G KOHLEHYDRATE | 4,4 G EIWEISS | 10 G FETT

Zubereitung:

1. Schneiden Sie die Pilze blättrig, die Zwiebel in Halbringe und die Paprikaschote in Streifen.
2. In einer ausreichend großen Pfanne erhitzen Sie Öl und braten darin Zwiebel und Paprikastreifen an, bis die Zwiebel goldbraun ist. Fügen Sie dann die Pilze hinzu und rösten unter ständigem Rühren weiter. Die Pilze ziehen Wasser - köcheln Sie weiter, bis das Wasser verdampft ist.
3. Würzen Sie dann kräftig mit den angegebenen Gewürzen und geben zuletzt den Limettensaft zu.
4. Decken Sie die Pfanne mit einem Deckel zu und lassen das Gemüse noch bei abgeschaltetem Herd einige Minuten schmoren.
5. Servieren Sie das geschmorte Gemüse auf Salatblättern angerichtet.

Morkov-Redka (Möhren und Rettich)

Zutaten für 4 Portionen:

- 400 g weißer Rettich
- 400 g Möhren
- 1 TL Currypulver
- 1 EL Avocadoöl
- 80 ml Kokosmilch
- 1 TL Mandelmus
- Salz

NÄHRWERTE PRO PORTION:

146 KCAL | 8,6 G KOHLEHYDRATE | 2,8 G EIWEISS | 8,6 G FETT

Zubereitung:

1. Waschen und putzen Sie Rettich und Möhren und hobeln sie grob.
2. Erhitzen Sie das Öl, rühren das Currypulver ein und rösten es wenige Sekunden, dann geben Sie sofort das Gemüse zu und rühren kräftig um. Braten Sie es einige Minuten unter dauerndem Rühren und Wenden.
3. Legen Sie einen Deckel auf, drehen die Hitze zurück und dünsten das Gemüse, bis es fast gar ist. Kurz davor rühren Sie Kokosmilch und Mandelmus ein., schmecken mit Salz ab und lassen alles noch mal einige Minuten köcheln.

Weißkohl Asia

Zutaten für 4 Portionen:

- 500 g Weißkohl
- 2 Zwiebeln, in feine Ringe geschnitten
- 400 g stückige Tomaten
- 2 cm geriebener frischer Ingwer
- je 1 TL Currypulver
  - edelsüßer Paprika
  - Kreuzkümmel (Cumin)
  - Kurkuma
  - Zimtpulver
- ½ TL Agavendicksaft
- 2 EL Kokosöl
- Salz

NÄHRWERTE PRO PORTION:

130 KCAL | 20,6 G KOHLEHYDRATE | 4,6 G EIWEISS | 2,2 G FETT

Zubereitung:

1. Schneiden Sie aus dem Kohl den Strunk heraus und schneiden das Gemüse in kleine Würfel.
2. Im heißen Kokosöl braten Sie die Zwiebel an, fügen dann die Gewürze zu und braten sie unter ständigem Rühren kurz weiter. Dann löschen Sie mit den Tomaten ab, geben den Kohl und den Agavendicksaft dazu und vermengen alles gut miteinander.
3. Decken Sie den Topf mit einem Deckel zu und lassen den Kohl bei kleiner Hitze etwa ½ Stunde köcheln. Wenn er gegart ist, rühren Sie noch mal alles gut durch.

Knusprige Pilzbällchen

Zutaten für 2 Portionen:

- 150 g Pilze, fein gehackt
- 1 Zwiebel, fein gehackt
- 1 rote Paprikaschote, fein gewürfelt
- 150 g Quinoa, gekocht laut Packungsanweisung
- 2 Kartoffeln, geschält und gewürfelt
- 2 Zehen Knoblauch, durch die Knoblauchpresse gedrückt
- 1 Handvoll gehackte frische Petersilie
- 1 TL edelsüßer Paprika
- 1 Prise Cayennepfeffer
- 2 EL Sesamsaat
- 1 EL Rapsöl
- Salz, Pfeffer

NÄHRWERTE PRO PORTION:

431 KCAL | 52,9 G KOHLEHYDRATE | 13,4 G EIWEISS | 15 G FETT

Zubereitung:

1. Dünsten Sie die Zwiebel in heißem Öl glasig, fügen dann den Paprika hinzu und dünsten weiter, bis der Paprika weich ist. Nun geben Sie die Pilze zu, salzen und pfeffern. Schmoren Sie weiter, bis auch die Pilze weich sind.
2. Kochen Sie die Kartoffelwürfel weich und zerdrücken sie in einer großen Schüssel. Mengen Sie Quinoa, Pilzmischung, Knoblauch, Petersilie und Sesam zu, würzen mit Paprika, Cayennepfeffer, Salz und Pfeffer. Vermischen und verkneten Sie alles gut miteinander.
3. Belegen Sie ein Backblech mit Backpapier.

   Formen Sie aus der Masse kleine Bällchen mit etwa 3,5 cm Durchmesser und legen sie auf das Backblech.
4. Backen Sie die Bällchen bei 200°C etwa 25 Minuten.

Brokkoli-Suppe

Zutaten für 2 Portionen:

- übriggebliebene Stammteile von Brokkoli-Stauden sowie einige Röschen
- 1 Kartoffel
- 1 kleine Zwiebel, fein gehackt
- 1 TL Olivenöl
- 1 TL Zwiebelpulver
- 1 TL Knoblauchpulver
- 1 Zehe Knoblauch, fein gehackt
- 2 EL frische Kresse
- Salz, Pfeffer

NÄHRWERTE PRO PORTION:

148 KCAL | 15,7 G KOHLEHYDRATE | 6,5 G EIWEISS | 5,1 G FETT

Zubereitung:

1. Schälen Sie die Brokkoli-Stammteile sowie die Kartoffel und schneiden alles in kleine Stücke.
2. Braten Sie die Zwiebel in Öl an und fügen etwas später den Knoblauch hinzu. Gießen Sie mit etwa 500 ml Wasser auf und geben das kleingeschnittene Gemüse hinein.
3. Lassen Sie die Suppe etwa 20 Minuten bei kleiner Hitze köcheln.
4. Wenn Brokkoli und Kartoffel gegart sind, pürieren Sie das Gemüse mit dem Stabmixer.
5. Würzen Sie mit Zwiebel- und Knoblauchpulver, schmecken mit Salz und Pfeffer ab und bestreuen die Suppe zum Servieren mit frischer Kresse.

Möhren-Ingwer-Suppe

Zutaten für 4 Portionen:

- 600 g Möhren
- 1 Kartoffel
- 2 cm geriebener frischer Ingwer
- 1 kleine Zwiebel
- 1 TL geschmacksneutrales Pflanzenöl
- 100 ml Kokosmilch
- 50 ml frisch gepresster Orangensaft
- Salz

NÄHRWERTE PRO PORTION:

143 KCAL | 14,4 G KOHLEHYDRATE | 2,7 G EIWEISS | 6,9 G FETT

Zubereitung:

1. Putzen Sie die Möhren und schneiden sie in Scheiben. Die Kartoffel schälen Sie und schneiden sie in kleine Stückchen. Hacken Sie die Zwiebel fein.
2. Braten Sie die Zwiebel in Öl an, bis sie glasig wird, dann geben Sie Möhren, Ingwer und Kartoffeln dazu, rösten sie kurz mit und gießen mit Wasser auf – nicht zu viel nehmen, es soll das Gemüse gerade gut bedecken.

   Salzen Sie nach Belieben.
3. Kochen Sie das Gemüse weich, fügen die Kokosmilch zu und köcheln noch 3 Minuten weiter.
4. Pürieren Sie das Gemüse und rühren den Orangensaft ein. Noch mal kurz aufkochen.

   Sollte die Suppe zu dickflüssig sein, geben Sie etwas Wasser hinzu und kochen noch mal auf.

Kartoffelsuppe

Zutaten für 4 Portionen:

- 500 g Kartoffeln, davon etwa die Hälfte mehlige Sorte
- 2 Zwiebeln, fein gewürfelt
- 200 g Möhren
- 100 g gelbe Rüben
- 1 Petersilienwurzel
- 1 kleine Stangensellerie
- 1 Stange Lauch
- 2 EL Bohnensprossen
- 2 EL frische Kresse
- 2 EL Kokosöl
- 800 ml Gemüsebrühe (Rezept siehe „Kleine Gerichte, Beilagen & Snacks“)
- 1 EL Zwiebelpulver
- Salz, Pfeffer

NÄHRWERTE PRO PORTION:

171 KCAL | 29,7 G KOHLEHYDRATE | 6,1 G EIWEISS | 1,2 G FETT

Zubereitung:

1. Putzen und schälen Sie das Gemüse und schneiden es in Scheiben oder kleine Würfel.
2. In einem ausreichend großen Topf dünsten Sie die Zwiebel in heißem Öl an, rösten dann Kartoffelwürfel und Möhrenscheiben mit, ebenso die Sellerie, die gelben Rüben und die Petersilienwurzel.
3. Löschen Sie mit Gemüsebrühe ab und lassen alles etwa 10 Minuten bei geschlossenem Deckel und kleiner Hitze köcheln.
4. Nun kommen noch die Lauchringe in den Topf – lassen Sie es noch mal etwa 5 Minuten köcheln, bis der Lauch gegart ist. Schmecken Sie mit Zwiebelpulver, Salz und Pfeffer ab.
5. Braten Sie die Bohnensprossen in ein paar Tropfen Öl in einer kleinen Pfanne kurz an.
6. Servieren Sie die Suppe mit Bohnensprossen und frischer Kresse bestreut.

Basische Gemüsebrühe

Zutaten für etwa 2,5 Liter (auf Vorrat):

- 500 g Möhren
- 1 Knollensellerie
- 1 kleine Stangensellerie
- 2 Stangen Lauch
- 2 Zwiebeln
- 1 Petersilienwurzel
- 400 g Tomaten
- 1 kleine Zucchini
- 1/2 Bund Petersilie
- 2 gelbe Rüben
- 2 EL Öl
- 1 TL Thymian
- 2 Lorbeerblätter
- 1 TL Pfefferkörner im Ganzen
- 1 EL Zwiebelpulver
- 2 Liter Wasser

NÄHRWERTE PRO PORTION (CA. 250 ML):

83 KCAL | 8,6 G KOHLEHYDRATE | 3,4 G EIWEISS | 2,5 G FETT

Zubereitung:

1. Alles Gemüse waschen, putzen und in kleine Stücke schneiden, die Petersilie fein hacken.

   Die Tomaten extra bereitstellen.
2. Rösten Sie die Zwiebel und die Tomaten in heißem Öl an und löschen mit Wasser ab.
3. Füllen Sie auf 2 Liter Wasser auf und geben das restliche Gemüse und die Gewürze in den Topf.
4. Lassen Sie die Brühe etwa 1 Stunde lang bei kleiner Hitze köcheln.
5. Nach der Kochzeit gießen Sie die Brühe durch ein Sieb und bewahren sie in sauberen Einmachgläsern im Kühlschrank auf.

Pesto Rosso

Zutaten für Vorratsmenge (etwa 300 g):

- 150 g getrocknete Tomaten
- 1 Zehe Knoblauch
- 3 EL gehacktes frisches Basilikum
- 1 EL Hefeflocken
- 40 g Walnüsse
- 80 ml Olivenöl
- 1 TL Balsamico
- Salz, Pfeffer

NÄHRWERTE PRO PORTION (20 G):

88 KCAL | 2,3 G KOHLEHYDRATE | 1,5 G EIWEISS | 7,7 G FETT

Zubereitung:

1. Rösten Sie die Walnüsse in einer Pfanne ohne Öl.
2. Geben Sie Tomaten, Knoblauch, Basilikum, Hefeflocken, Öl und Walnüsse in einer Mixer und mixen gründlich durch.
3. Zuletzt mit Balsamico, Salz und Pfeffer abschmecken.

   Bis zur Verwendung im Kühlschrank aufbewahren.

Buchweizen-Brot

Zutaten für eine Kastenform / 15 Schnitten:

- 500 g Buchweizenmehl
- 500 ml prickelndes Wasser
- 50 g Kürbiskerne, geschrotet
- 50 g Sonnenblumenkerne
- 50 g Sesamsaat
- 20 g Hanfsamen
- 20 g geschroteter Leinsamen
- 10 g Chiasamen
- 1 EL Kokosöl
- 2 TL Natron
- 1 Prise Anis
- 1 Prise Fenchel
- 1 Prise Kümmel
- Salz

NÄHRWERTE PRO SCHNITTE:

193 KCAL | 25 G KOHLEHYDRATE | 6,3 G EIWEISS | 6,9 G FETT

Zubereitung:

1. Vermengen Sie alle trockenen Zutaten in einer großen Schüssel und verkneten sie mit dem erwärmten Wasser und dem Kokosöl. Lassen Sie den Teig etwa 1/2 Stunde rasten.
2. Kleiden Sie eine Kastenform mit Backpapier aus und füllen den Teig ein.
3. Stellen Sie in den auf 175°C vorgeheizten Ofen ein hitzefestes Gefäß mit Wasser. Die mit Teig gefüllte Kastenform wird auf dem Rost auf der mittleren Schiene etwa 50 Minuten gebacken.

Zucchini-Brot

Zutaten für eine Kastenform / 15 Schnitten Brot:

- 3 mittlere Zucchini
- 350 g Vollkorn-Dinkelmehl
- 120 g Kamut®-Mehl (Kamut® ist die geschützte Bezeichnung für Khorasan-Weizen)
- 2 EL Chiasamen
- 2 EL ungesüßtes Apfelmus
- 30 g Agavendicksaft
- 40 ml Traubenkernöl
- 2 EL Dattelsirup
- 60 ml Mandelmilch
- 1 Prise Gewürznelkenpulver
- 50 g gehackte Walnüsse
- Salz

NÄHRWERTE PRO SCHNITTE:

172 KCAL | 24,2 G KOHLEHYDRATE | 5,3 G EIWEISS | 5,4 G FETT

Zubereitung:

1. Putzen Sie die Zucchini und raffeln sie mit der Schale grob. Die Feuchtigkeit wird dieses Mal nicht herausgedrückt, damit das Brot saftig wird.
2. Vermengen Sie Dinkel- mit Kamut®-Mehl sowie 1/2 TL Salz und einer Prise Gewürznelkenpulver.
3. Verrühren Sie die weiteren Zutaten in einem eigenen Gefäß: Chiasamen, Apfelmus, Agavendicksaft, Öl sowie Dattelsirup und 125 ml erwärmte Mandelmilch.
4. Arbeiten Sie diese Mischung nach und nach ins Mehl ein und fügen die Zucchini zu.

   Zuletzt rühren Sie noch die Walnüsse ein.
5. Fetten Sie eine Kastenform und füllen den Teig ein.
6. Backen Sie das Brot etwa 45 Minuten bei 150°C.

Bananen-Brot

Zutaten für eine Kastenform, etwa 10 Schnitten:

- 3 reife Bananen
- 2 EL Chiasamen
- 120 ml Wasser mit Kohlensäure
- 50 ml Traubenkernöl
- 250 g Dinkel-Vollkornmehl
- 1 EL Dattelsirup
- 40 g Johannisbeeren
- 30 g Walnüsse + einige zum Bestreuen, grob gehackt
- 1 Prise Salz

NÄHRWERTE PRO SCHNITTE:

196 KCAL | 23,8 G KOHLEHYDRATE | 4,6 G EIWEISS | 8,3 G FETT

Zubereitung:

1. Legen Sie die Kastenform mit Backpapier aus und heizen Sie den Ofen auf 180°C vor.
2. In einer ausreichend großen Schüssel zerdrücken Sie die Bananen, fügen die Chiasamen zu, das Öl und 120 ml prickelndes Wasser. Vermischen Sie alles gut miteinander.
3. Rühren Sie die weiteren Zutaten gut unter und füllen den Teig in die vorbereitete Form, Bestreuen sie das Brot mit Walnüssen.
4. Backen Sie das Brot etwa 40 Minuten.

Nach dem Abbacken lassen Sie das Brot komplett auskühlen, bevor Sie es anschneiden (es zerfällt sonst).

Grießbrei

Zutaten für 4 Portionen:

- 100 g Buchweizengrieß
- 400 ml Mandelmilch
- 100 ml Kokosmilch
- 100 ml Wasser
- 2 große weiche Birnen
- 1 Apfel
- 2 TL Zimt

NÄHRWERTE PRO PORTION:

317 KCAL | 45,1 G KOHLEHYDRATE | 6,2 G EIWEISS | 11,2 G FETT

Zubereitung:

1. Schälen und entkernen Sie die Birnen und den Apfel und schneiden sie in kleine Stücke.

   Köcheln Sie sie mit 1 EL Wasser, bis sie weich sind und pürieren sie.
2. Kochen Sie Mandelmilch mit Kokosmilch und Wasser auf, streuen den Grieß ein, nehmen den Topf vom Herd und lassen den Grieß quellen.
3. Verteilen Sie den Grieß auf zwei Schüsseln, toppen mit Birnenmus und etwas Zimt.

Amaranth meets Fruit

Zutaten für 2 Portionen:

- 100 g Amaranth
- 2 Süßkartoffeln (Batate)
- 1 TL Vanille-Extrakt
- 1 kräftige Prise Zimt
- 2 Bananen, in Scheiben geschnitten
- 100 g Brombeeren
- 300 ml Mandelmilch
- 1 EL Sesamsaat
- 40 g grob gehackte Walnüsse

NÄHRWERTE PRO PORTION:

646 KCAL | 96,2 G KOHLEHYDRATE | 15,3 G EIWEISS | 18,5 G FETT

Zubereitung:

1. Bereiten Sie zunächst den Amaranth zu, indem Sie die 2,5fache Wassermenge (250 ml) aufkochen, den Amaranth einstreuen, dann die Hitze zurückdrehen und es 20 Minuten leicht köcheln lassen.

   Danach drehen Sie den Herd ab und lassen den Amaranth noch 20 Minuten bei geschlossenem Deckel quellen.
2. Währenddessen waschen Sie die Süßkartoffeln, kochen sie in der Schale gar, schälen und zerdrücken sie.
3. In einen Mixer geben Sie etwa 4 EL fertig gegarten Amaranth sowie die zerdrückten Süßkartoffeln, fügen Vanille-Extrakt und Zimt zu sowie die Mandelmilch. Mixen Sie alles zu einem feinen Püree.
4. Rösten Sie die Sesamsaat in einer Pfanne ohne Öl goldbraun.
5. Verteilen Sie den Süßkartoffelbrei auf zwei Teller, darauf kommt der Amaranth, getoppt mit den Bananenscheiben, den Brombeeren und den gehackten Walnüssen.

   Bestreuen Sie das Gericht mit Sesamsaat.

Erbsen-Avocado-Aufstrich mit Radieschen

Zutaten für 4 Portionen:

- 100 g grüne Erbsen, gegart
- 2 Avocados
- 1 TL Zwiebelpulver
- 2 Zehen Knoblauch, durch die Knoblauchpresse gedrückt
- 10 Radieschen
- 1 TL Sesamöl
- 30 g frische Kresse
- 1 TL Zitronensaft
- Salz, Pfeffer

NÄHRWERTE PRO PORTION:

287 KCAL | 5,5 G KOHLEHYDRATE | 4,5 G EIWEISS | 25,5 G FETT

Zubereitung:

1. Halbieren Sie die Avocados, heben das Fruchtfleisch heraus und zerdrücken es gut. Mischen Sie die gekochten Erbsen dazu und zerdrücken und mischen beides miteinander zu einer homogenen Paste.

   Würzen Sie mit Zwiebelpulver, Knoblauch, Salz und Pfeffer.
2. Waschen und putzen Sie die Radieschen, schneiden sie in dünne Scheiben und marinieren sie mit Sesamöl und Zitronensaft. Schmecken Sie mit Salz und Pfeffer ab und bestreuen die Radieschen mit Kresse.

   Tipp: Servieren Sie zum Aufstrich je eine Scheibe Buchweizen-Brot (siehe Rezept).

Avocado-Salsa

Zutaten für 8 Portionen Brotaufstrich:

- 2 Avocados
- 1/2 Zitrone / Saft
- 1 kleine rote Zwiebel
- 1 große feste Tomate
- 1 EL gehackter frischer Koriander
- 1 Prise Cayennepfeffer
- Salz, Pfeffer

NÄHRWERTE PRO PORTION:

124 KCAL | 1,1 G KOHLEHYDRATE | 1,2 G EIWEISS | 11,8 G FETT

Zubereitung:

1. Schneiden Sie die Avocados auseinander, heben das Fruchtfleisch aus der Schale und zerdrücken es.
2. Hacken Sie Zwiebel und Tomate sehr fein und heben sie unter das Avocado-Püree.
3. Rühren Sie den Koriander ein und schmecken die Salsa mit Cayennepfeffer, Salz und Pfeffer ab.

Bohnenaufstrich

Zutaten für 4 Portionen:

- 200 g gekochte rote Bohnen (Kidneybohnen)
- 1 kleine rote Zwiebel, fein gehackt
- 2 Zehen Knoblauch, durch die Knoblauchpresse gedrückt
- 2 EL Olivenöl
- 1 TL Zwiebelpulver
- 1/2 TL Bohnenkraut
- Salz

NÄHRWERTE PRO PORTION:

113 KCAL | 8,2 G KOHLEHYDRATE | 2,6 G EIWEISS | 7,2 G FETT

Zubereitung:

1. Dünsten Sie die Zwiebel in etwas Öl an, etwas später fügen Sie den Knoblauch zu und rösten ihn kurz mit.
2. Geben Sie nun alle Zutaten in einen Mixer und pürieren sie zu einer dickcremigen Paste.

Kartoffelsalat

Zutaten für 4 Portionen:

- 500 g festkochende Kartoffeln
- 4 EL Gemüsebrühe (siehe Rezept bei „Kleine Gerichte, Beilagen & Snacks)
- 1/2 Zitrone, Saft
- 2 EL geschmacksneutrales Öl
- 1 rote Zwiebel, fein gehackt
- 1 kleine Salatgurke
- 1 TL Kürbiskerne, geschrotet
- 2 EL frische Kresse
- Salz, Pfeffer

NÄHRWERTE PRO PORTION:

185 KCAL | 23,4 G KOHLEHYDRATE | 4,8 G EIWEISS | 7,2 G FETT

Zubereitung:

1. Kochen Sie die Kartoffeln mit der Schale, schälen sie und schneiden sie in Scheiben.
2. Währenddessen dünsten Sie die Zwiebel in etwas Öl weich und stellen sie erst mal zur Seite.
3. Erwärmen Sie die Gemüsebrühe etwas, rühren das Öl, den Zitronensaft und die Gewürze ein und gießen die Marinade zu den Kartoffelscheiben.
4. Schneiden Sie die Salatgurke mit der Schale in dünne Stifte, die Sie nun gemeinsam mit der gedünsteten Zwiebel den Kartoffeln untermengen.

   Mischen Sie alles vorsichtig, aber sorgfältig miteinander.
5. Bestreuen Sie den Salat zum Servieren mit frischer Kresse und geschroteten Kürbiskernen.

Rotkohlsalat

Zutaten für 2 Portionen:

- ½ kleiner Kopf Rotkohl
- 2 cm geriebener frischer Ingwer
- 1 Mango
- 1 Orange
- 2 EL geschmacksneutrales Pflanzenöl
- 1 Limette / Saft
- 80 g Walnüsse, grob in Stücke gebrochen
- Salz, Pfeffer

NÄHRWERTE PRO PORTION:

415 KCAL | 9,8 G KOHLEHYDRATE | 9,3 G EIWEISS | 36,1 G FETT

Zubereitung:

1. Schneiden Sie den Rotkohl in feine Streifen und blanchieren sie 5 Minuten in heißem Wasser.

   Gießen Sie das Wasser weg und lassen den Kohl auskühlen.
2. Schälen Sie die Orange und schneiden mit einem scharfen Messer die Spalten heraus (filetieren). Den Saft, der dabei austritt, fangen Sie auf.
3. Schälen Sie die Mango und schneiden sie in mundgerechte, eher kleine Spalten.
4. Marinieren Sie den Rotkohl mit Öl, Limetten- und Orangensaft, rühren den Ingwer unter und schmecken mit Salz und Pfeffer ab.
5. Vermengen Sie den Kohl mit den Orangen- und Mangospalten und bestreuen ihn zum Servieren mit Walnüssen.

Süßkartoffel-Fritten mit Hummus-Dip

Zutaten für 4 Portionen:

- 800 g Süßkartoffeln (Batate)
- 5 EL Avocadoöl oder anderes Öl mit hohem Rauchpunkt
- 1/2 TL Kreuzkümmel
- 1/2 TL Kurkuma
- 1/2 TL Paprikapulver
- Salz
- Dip:
- 100 g gekochte Kichererbsen
- 50 g Sesampaste (Tahin)
- 1 Zehe Knoblauch
- 1/2 Zitrone / Saft
- 1 EL Olivenöl
- Salz

NÄHRWERTE PRO PORTION:

479 KCAL | 53,1 G KOHLEHYDRATE | 7,9 G EIWEISS | 24,5 G FETT

Zubereitung:

1. Schälen Sie die Süßkartoffeln und schneiden sie in Stifte.
2. Verrühren Sie Avocadoöl und Gewürze miteinander und marinieren damit die Fritten.
3. Legen Sie die Fritten nebeneinander auf ein mit Backpapier belegtes Backblech und backen sie im auf 180°C vorgeheizten Ofen etwa 20 Minuten.
4. Währenddessen bereiten Sie den Dip zu:

   Geben Sie alle Dip-Zutaten in einen Mixer und mixen sie cremig, wobei Sie während des Mixens hin und wieder etwas Wasser zugießen, bis die gewünschte Konsistenz erreicht ist.

Kichererbsen-Snack

Zutaten für 2 Portionen:

- 200 g gekochte Kichererbsen
- 1 EL Zimtpulver
- 2 EL Kokosöl

NÄHRWERTE PRO PORTION:

124 KCAL | 16,6 G KOHLEHYDRATE | 5,2 G EIWEISS | 2,8 G FETT

Zubereitung:

1. Schmelzen Sie das Kokosöl und rühren die Kichererbsen ein, geben den Zimt ebenfalls zu und vermischen alles gut, sodass die Kichererbsen rundum bedeckt sind.
2. Belegen Sie ein Backblech mit Backpapier, breiten die Kichererbsen darauf aus und rösten sie bei 180°C etwa 30 Minuten im Ofen.

DESSERTS

Kokoskugeln

Zutaten für 4 Portionen:

- 60 g gemahlene Mandeln
- 1 EL Honig
- 1 1/2 EL Kokosmus
- 50 g Kokosraspeln
- 2 Soft-Datteln, entsteint

NÄHRWERTE PRO PORTION:

252 KCAL | 9,6 G KOHLEHYDRATE | 4,4 G EIWEISS | 20,6 G FETT

Zubereitung:

1. Stellen Sie etwa 30 g Kokosraspeln zum Wenden beiseite.
2. Hacken Sie die Datteln sehr fein und vermengen sie mit den restlichen Zutaten. Verkneten Sie die Zutaten gut miteinander und formen Sie daraus Bällchen mit etwa 2,5 cm Durchmesser.
3. Wälzen Sie die Bällchen in Kokosraspeln.

Die Kokoskugeln bleiben im Kühlschrank etwa eine Woche frisch.

Gedünstete Äpfel mit Amaranth

Zutaten für 4 Portionen:

- 3 große Äpfel
- 120 g Amaranth
- 1 TL Pflanzenbutter oder Ghee
- 40 g Walnüsse, grob gehackt
- 1/2 TL geschmacksneutrales Pflanzenöl
- 2 EL Agavendicksaft
- 400 ml Mandelmilch, erwärmt
- 1/2 Limette / Saft

NÄHRWERTE PRO PORTION:

317 KCAL | 45,1 G KOHLEHYDRATE | 6,2 G EIWEISS | 11,2 G FETT

Zubereitung:

1. Waschen Sie den Amaranth, setzen ihn mit der 2,5fachen Wassermenge auf, bringen das Wasser zum Kochen und lassen es etwa 20 Minuten bei niedriger Hitze köcheln. Danach schalten Sie die Herdplatte ab und lassen den Amaranth weitere 20 Minuten quellen.
2. Schneiden Sie die Äpfel in kleine Würfel.
3. Erhitzen Sie in einer Pfanne etwas Pflanzenöl und fügen die Apfelwürfel zu. Braten Sie sie kurz und rühren dann den Agavendicksaft ein.
4. Rösten Sie die Apfelwürfel weiter, bis sie weich, aber noch bissfest sind und träufeln Limettensaft darüber. Dann fügen Sie die Pflanzenbutter (oder Ghee) zu, rösten kurz weiter, schalten den Herd ab und lassen die Apfelwürfel noch ziehen.
5. Verrühren Sie den Amaranth mit Mandelmilch und geben auf 4 Teller jeweils eine Portion Amaranth mit Mandelmilch, darauf kommen die gedünsteten Äpfel sowie die gehackten Walnüsse.

Aprikosen-Kuchen

Zutaten für 1 Springform (Durchmesser 20 cm), etwa 8 Stück:

- Teig:
- 150 g Mandelmehl
- 5 EL Mandelmilch, ungesüßt
- 50 g Rosinen
- 50 g frische Weintrauben (kernlos)

- Auflage:
- 2 weiche große Birnen
- 10 Aprikosen, entkernt und in schmale Spalten geschnitten
- 30 g Walnüsse, grob gehackt

NÄHRWERTE PRO STÜCK:

174 KCAL | 17,8 G KOHLEHYDRATE | 11,5 G EIWEISS | 4,8 G FETT

Zubereitung:

1. Bereiten Sie zunächst das Birnenmus zu: Schälen Sie die Birnen und schneiden sie in kleine Stückchen. Dünsten Sie die Stückchen, bis sie weich sind und pürieren sie.

   Stellen Sie das Mus erst mal zur Seite.
2. Geben Sie Mandelmilch, Rosinen und Weintrauben in einen Mixer und mixen sie zu einer sämigen Masse.
3. Rühren Sie nach und nach das Mandelmehl ein, sodass ein etwas klebriger Teig entsteht.
4. Verteilen Sie den Teig gleichmäßig dick auf dem Boden der Springform und backen ihn zunächst etwa 10 Minuten bei 180°C im Ofen.
5. Nehmen Sie den Kuchen aus dem Ofen, bestreichen ihn mit Birnenmus und belegen ihn mit den Aprikosen. Darauf streuen Sie die gehackten Walnüsse.
6. Schieben Sie den Kuchen noch mal in den Ofen und backen ihn weitere 10 Minuten.

Orangensalat

Zutaten für 1 Portion:

- 1 große Orange
- 1 Kiwi
- 4 Datteln
- 2 EL Orangensaft
- 1 Prise Zimt
- 5 Walnusskerne, grob gehackt

NÄHRWERTE:

309 KCAL | 43,5 G KOHLEHYDRATE | 5,6 G EIWEISS | 10,4 G FETT

Zubereitung:

1. Schälen Sie die Orange und schneiden die Spalten mit einem scharfen Messer heraus, sodass sie filetiert sind. Fangen Sie den dabei austretenden Saft auf.
2. Entkernen und schneiden Sie die Datteln. Schälen Sie die Kiwi, halbieren sie der Länge nach und schneiden sie in Halbscheiben.
3. Vermengen Sie das Obst miteinander, fügen den Orangensaft und etwas Zimt zu.

   Decken Sie die Schüssel ab und lassen den Salat etwa 1/2 Stunde ziehen.
4. In der Zwischenzeit rösten Sie die Walnüsse in einer Pfanne ohne Öl, bis sie knusprig sind und bestreuen den Orangensalat vor dem Servieren damit.

Maronipüree mit Apfelmus

Zutaten für 2 Portionen:

- 2 Äpfel
- 100 ml naturtrüber Apfelsaft
- 1 kleine Banane
- 150 g Maroni (Esskastanien)
- 1 EL Zitronensaft

NÄHRWERTE PRO PORTION:

273 KCAL | 56,9 G KOHLEHYDRATE | 2,5 G EIWEISS | 2 G FETT

Zubereitung:

1. Legen Sie die Maroni mindestens 3 Stunden in kaltem Wasser ein. Danach abseihen und abtropfen lassen und auf der bauchigen Seite quer einen langen Schnitt machen, der nicht zu tief gehen sollte (das Fruchtfleisch sollte nicht verletzt werden).
2. Geben Sie die Maroni in einen Topf und gießen so viel Wasser auf, dass sie gut bedeckt sind. Kochen Sie das Wasser auf, reduzieren dann die Hitze und kochen die Maroni etwa 30 bis 45 Minuten, je nachdem wie weich man sie haben möchte.

   Nach dem Kochen das Wasser abgießen, die Maroni abkühlen lassen und dann die Schale mitsamt der Innenhaut abziehen.

   Nun sind die Maroni küchenfertig für weitere Verwendung.
3. Während die Maroni kochen, schälen Sie die Äpfel, entkernen sie und schneiden sie in kleine Schnitze.
4. Erhitzen Sie den Apfelsaft in einem kleinen Topf und dünsten darin die Apfelschnitze weich. Behalten Sie einige Apfelschnitze zurück, die restlichen pürieren Sie im Saft.
5. Schälen Sie die Banane, schneiden sie in Scheiben und pürieren sie zusammen mit den Maroni im Mixer. Schmecken Sie mit etwas Zitronensaft ab.
6. Servieren Sie das Maronipüree mit dem Apfelmus und einigen der zurückbehaltenen Apfelschnitze.

Walnuss-Fudge

Zutaten für 30 Würfel:

- 120 g Kokosöl, geschmolzen
- 3 EL Kakaopulver (ungesüßt)
- 8 Soft-Datteln, entsteint, am Vortag eingeweicht
- 70 g Mandelmus
- 60 g Walnüsse, grob gehackt
- 1 TL Vanille-Essenz

NÄHRWERTE PRO STÜCK:

84 KCAL | 5,1 G KOHLEHYDRATE | 1 G EIWEISS | 6,4 G FETT

Zubereitung:

1. Pürieren Sie zunächst die Datteln zusammen mit etwa 1 EL vom Einweichwasser.
2. Verrühren Sie dann alle Zutaten gut miteinander zu einer cremigen Paste.
3. Streichen Sie die Paste in eine rechteckige Form und stellen sie für mindestens 1 Stunde in den Kühlschrank, sodass sie hart wird.
4. Schneiden Sie die Masse in Würfel.

Gekühlt servieren!

Lassen Sie das Fudge nicht bei Zimmertemperatur stehen, es wird sonst weich und zerrinnt.

Zitronen-Tarte

Zutaten für 1 Springform (20 cm Durchmesser) / 12 Stück:

- für den Boden:
- 200 g Mandeln, mindestens 6 Stunden in Wasser eingeweicht
- 8 Datteln, entsteint, etwa 1 Stunde in Wasser eingeweicht
- 4 EL Kokosöl, geschmolzen
- Füllung:
- 200 g Cashews, mindestens 6 Stunden in Wasser eingeweicht
- 10 Datteln, etwa 1 Stunde in Wasser eingeweicht
- 3 Zitronen / Saft und Schalenabrieb
- 150 ml Kokosöl
- 150 ml Wasser

NÄHRWERTE PRO STÜCK:

449 KCAL | 28,7 G KOHLEHYDRATE | 6,8 G EIWEISS | 32,9 G FETT

Zubereitung:

1. Tartenboden: Pürieren Sie die Datteln mit 1 EL des Einweichwassers zu einer klebrigen Paste.
2. Mahlen Sie die Mandeln fein, geben sie zusammen mit dem Kokosöl in eine Schüssel und mischen die Dattelpaste unter.
3. Legen Sie die Springform mit Backpapier aus und verteilen die Paste möglichst gleichmäßig auf dem Formboden und drücken dabei die Masse auch etwas die Formwände hinauf.

   Stellen Sie die Form in den Kühlschrank, bis Sie die Füllung gemacht haben.
4. Füllung: Geben Sie alle Zutaten in einen Mixer und mixen sie cremig.
5. Nehmen Sie die Springform aus dem Kühlschrank und gießen die Creme hinein.
6. Lassen Sie die Tarte vor dem Servieren mindestens 3 Stunden im Kühlschrank stehen.

Granatapfel-Crumble

Zutaten für 4 Portionen:

- 1 Granatapfel
- 1 Banane
- 1 Apfel
- ½ TL Agavendicksaft
- ½ Zitrone / Saft
- Streusel:
- 150 g Mandelmehl
- 70 g Kokosmehl
- 50 g gemahlene Kürbiskerne
- 60 g Kokosöl
- ½ TL Zimt
- Zitronenschalenabrieb

NÄHRWERTE PRO PORTION:

486 KCAL | 24,2 G KOHLEHYDRATE | 28,7 G EIWEISS | 26,5 G FETT

Zubereitung:

1. Für den Streusel vermischen Sie alle trockenen Zutaten und kneten nach und nach das Kokosöl und den Zitronenschalenabrieb ein, bis ein krümeliger Teig entsteht. Wenn er zu ölig wird, noch etwas Mehl einarbeiten, wenn er zu trocken ist, geben Sie noch etwas Kokosöl hinzu.
2. Brechen Sie den Granatapfel auf und lösen die Kerne heraus. Apfel und Banane schälen und in kleine Stücke schneiden, mit etwas Zitronensaft beträufeln und mit dem Agavendicksaft mischen.
3. Fetten Sie vier kleine ofenfeste Förmchen mit Kokosöl aus, füllen das Obst ein und streuen den Streusel darüber.
4. Backen Sie den Crumble etwa 25 Minuten bei 175°C im Ofen, bis der Streusel etwas angebräunt ist.

EXKLUSIVER BONUS

35 exklusive Abnehmrezepte

inkl. 14-Tage-Abnehmplan, um dauerhaft Bauchfett zu verlieren und schlank zu bleiben

Halten Sie Ihre Handykamera einfach auf den QR Code und kommen Sie so zu dem Gratis-Download:

QR-Code mit Kamera scannen und GRATIS Bonus erhalten:

14 TAGE - MENÜPLAN

Tag 1

Frühstück: Buchweizen-Müsli

Zutaten für 1 Portion:

- 150 ml ungesüßte Mandelmilch
- 50 g Himbeeren
- 30 g Heidelbeeren
- 1 EL Buchweizenflocken
- 1 EL Erdmandelflocken
- 1 TL Rosinen
- 1 Banane

NÄHRWERTE:

303 KCAL | 50,3 G KOHLEHYDRATE | 5,1 G EIWEISS | 6,4 G FETT

Zubereitung:

1. Erwärmen Sie die Mandelmilch und rühren die Flocken ein, lassen Sie sie etwa 10 Minuten quellen.
2. Schälen Sie die Banane und schneiden sie in Scheiben. Geben Sie sie zusammen mit dem Mandelmilch-Brei und den Himbeeren in einen Mixer und pürieren alles.

   Sollte der Brei zu dick sein, rühren Sie noch etwas erwärmte Mandelmilch ein.
3. Richten Sie den Brei in einer Müslischüssel an und toppen mit Heidelbeeren und Rosinen.

Mittagessen: Warmer Quinoa-Avocado-Salat (Seite 46)

Snack: Kichererbsen-Snack (Seite 76)

Abends: Pilzpfanne (Seite 56)

Dessert: Maronipüree mit Apfelmus (Seite 82)

Tag 2

Frühstück: Porridge (Seite 26)

Mittagessen: Kohlrouladen

Zutaten für 6 Rouladen:

- 6 große Wirsingblätter
- 500 g Kartoffeln, mehlige Sorte
- 200 g Kürbis
- 2 Zwiebeln
- 500 g stückige Tomaten
- 250 ml Gemüsebrühe (Rezept siehe „Kleine Gerichte, Beilagen & Snacks“)
- 2 + 2 EL Öl
- Muskat
- 1 EL Zwiebelpulver
- Cayennepfeffer
- Salz, Pfeffer

NÄHRWERTE PRO ROULADE (MIT TOMATENSOSSE):

208 KCAL | 27 G KOHLEHYDRATE | 5,3 G EIWEISS | 7,8 G FETT

Zubereitung:

1. Kochen Sie die Wirsingblätter einige Minuten in Salzwasser und schrecken sie danach mit kaltem Wasser ab (so behalten sie ihre schöne grüne Farbe). Schneiden Sie danach die hervorstehenden Blattrippen flach. Eventuell können Sie die Blätter mit dem Nudelholz etwas glattdrücken.
2. Schälen Sie die Kartoffeln, würfeln sie und kochen sie in etwas Salzwasser weich. Danach drücken Sie sie durch eine Kartoffelpresse und würzen sie mit Salz, Zwiebelpulver und Muskat.

   Den Kürbis ebenfalls kochen, pürieren und mit Salz und Cayennepfeffer würzen.
3. Dünsten Sie nun die Zwiebeln in Öl gut an und löschen mit den stückigen Tomaten ab. Lassen Sie die Soße etwas köcheln und gießen sie dann in eine feuerfeste Form.
4. Bestreichen Sie die Wirsingblätter mit Kartoffelmasse, darauf kommt das Kürbispüree und wickeln Sie die Blätter zu Rouladen.
5. Legen Sie die Rouladen mit der Saumseite nach unten in die Tomatensoße. Bepinseln Sie sie mit Öl und braten sie im Ofen bei 180°C etwa 40 Minuten.

Snack: 5 Datteln mit 1 EL Mandelmus als Dip

Abends: Morkov-Redka (Möhren und Rettich) (Seite 57)

Dessert: Gedünstete Äpfel mit Amaranth (Seite 79)

Tag 3

Frühstück: Basisches Frühstücks-Müsli (Seite 24)

Mittagessen: Rotkohlgemüse mit Süßkartoffelpüree (Seite 45)

Snack: Müsli-Riegel

Zutaten für 15 Stück:

- 150 g Mandeln, grob gehackt
- 50 g gemahlene Mandeln
- 100 g Walnüsse, grob gehackt
- 50 g Macadamianüsse, grob gehackt
- 30 g Pistazien, ganz
- 1 EL Leinsamen, geschrotet
- 250 g Rosinen
- 5 Datteln, entsteint und in Stücke geschnitten
- 1 TL Zimt
- 1 Prise Kardamom
- 100 g Kokosflocken
- 100 g Buchweizenmehl
- 1 TL Natron
- 500 ml Kokosmilch
- 1 EL Kokosöl

NÄHRWERTE PRO RIEGEL:

386 KCAL | 23,2 G KOHLEHYDRATE | 7,1 G EIWEISS | 27,9 G FETT

Zubereitung:

1. Lösen Sie das Natron in etwas Kokosmilch auf und vermischen dann alle Zutaten miteinander.
2. Belegen Sie ein Backblech mit Backpapier, streichen die Masse auf und backen sie etwa 20 bis 30 Minuten bei 180°C.
3. Nach dem Abkühlen schneiden Sie die Teigplatte in Riegel.

Abends: Brokkoli-Suppe (Seite 60)

Dessert: Obstsalat aus 1 Birne, 1 Banane und 1 EL Rosinen

Tag 4

Frühstück: „Wake Up"-Smoothie (Seite 18)

Mittagessen: Gemüse-Curry mit gekeimten Kichererbsen

Zutaten für 3 Portionen:

- 4 Kartoffeln, mehlige Sorte
- 400 g Kürbis
- 1 rote Zwiebel, gewürfelt
- 150 g gekeimte Kichererbsen
- 2 EL Rapsöl
- 2 cm geriebener frischer Ingwer
- 100 ml Gemüsebrühe (Rezept siehe „Kleine Gerichte, Beilagen & Snacks")
- 150 ml Mandelmilch, ungesüßt
- 200 g Mangold oder Spinat, in Streifen geschnitten
- 4 EL Tomatenpüree
- 1/2 TL Zimt
- 1/2 TL gemahlener Koriander
- 1 Prise Cayennepfeffer
- 1 Prise Nelkenpulver
- 1 Prise Kurkuma
- Salz, Pfeffer

NÄHRWERTE PRO PORTION:

351 KCAL | 52,4 G KOHLEHYDRATE | 9,8 G EIWEISS | 9,3 G FETT

I) Vorbereitung: Kichererbsen keimen lassen, Zeitaufwand 3 Tage

Dafür legen Sie die gewaschenen Kichererbsen in eine flache Schale, gießen sehr viel Wasser zu und lassen sie etwa 12 Stunden an einem hellen, nicht zu warmen Ort (etwa 20°C) stehen.

Kichererbsen, die „schwimmen", sind nicht mehr in Ordnung und werden entfernt.

II) Spülen Sie die Kichererbsen nach jeweils 12 Stunden einmal mit einem Sieb und gießen dann wieder frisches Wasser darauf. Wenn die Keime etwa 0,5 cm lang sind, ist das ausreichend, um die Kichererbsen zu verkochen.

Zubereitung:

1. Schälen Sie die Kartoffeln und schneiden sie in mundgerechte Stücke, ebenso den Kürbis.
2. Erhitzen Sie Öl in einem ausreichend großen Topf und dünsten darin die Zwiebel glasig. Dann geben Sie die Gewürze und den Ingwer zu, rösten sie 3 Minuten mit und gießen mit Gemüsebrühe auf. Geben Sie die Kartoffeln zu und köcheln etwa 10 Minuten.
3. Danach kommen Kürbis und Mangold in den Topf. Gießen Sie die Mandelmilch zu und rühren das Tomatenpüree ein. Lassen Sie alles etwa 3 Minuten köcheln, dann rühren Sie die gekeimten Kichererbsen dazu und lassen alles noch mal 3 Minuten köcheln.

Snack: Green Smile (Seite 23)

Abends: Avocado-Salsa mit 2 Pellkartoffeln (150 g) (Seite 71)

Dessert: Orangensalat (Seite 81)

Tag 5

Frühstück: Hirse-Bowle (Seite 28)

Mittagessen: Gemüsefrikadellen mit Blumenkohl-Püree (Seite 40)

Snack: Nuss-Mix aus 10 g Pistazien, 20 g Macadamia und 10 g Walnüssen

Abends: Rote Bete-Sauerkraut-Salat

Zutaten für 4 Portionen:

- 500 g Rote Bete, gekocht
- 300 g rohes Sauerkraut
- 2 rote Zwiebeln, fein gehackt
- 3 EL Öl
- 1/2 TL Agavendicksaft
- 1 kleiner Apfel
- Salz, Muskat

NÄHRWERTE PRO PORTION:

170 KCAL | 17,8 G KOHLEHYDRATE | 3,2 G EIWEISS | 8 G FETT

Zubereitung:

1. Waschen Sie das Sauerkraut und schneiden es klein, die rote Bete grob raffeln. Den Apfel schälen Sie und raffeln ihn ebenfalls grob.
2. Rühren Sie Öl und Agavensirup zu einer Marinade an, die Sie mit Salz und Muskat abschmecken.
3. Vermengen Sie die Marinade mit den anderen Zutaten.

Dessert: Himbeer-Mandelmilch-Smoothie (Seite 94)

Tag 6

Frühstück: Frühstücks-Rösti (Seite 29)

Mittagessen: Linsen-Eintopf (Seite 39)

Snack: Gemüsechips

Zutaten für 4 Portionen:

- 2 große Möhren
- 1 Pastinake
- 1 Zucchini
- 2 Süßkartoffeln
- 5 Radieschen
- 2 EL Rapsöl
- ½ TL gemahlener Rosmarin
- Salz, Pfeffer

NÄHRWERTE PRO PORTION:

160 KCAL | 22,1 G KOHLEHYDRATE | 2,6 G EIWEISS | 5,5 G FETT

Zubereitung:

1. Schälen Sie das Gemüse (wenn nötig) und schneiden es in sehr dünne Scheiben (etwa 2 mm).
2. Geben Sie die Gemüsescheiben in eine Schale und vermischen sie gut mit dem Öl, Rosmarin und Salz und Pfeffer. Lassen Sie die Marinade etwa 1 Stunde einziehen.
3. Belegen Sie ein Backblech mit Backpapier und verteilen die Gemüsescheiben so, dass sie nicht übereinander liegen.
4. Dörren Sie die Chips im Ofen etwa eine Stunde bei 120°C.

Abends: Ruck-Zuck-Zucchini (Seite 50)

Dessert: Walnuss-Fudge (Seite 84)

Tag 7

Frühstück: Good Morning-Bowle (Seite 27)

Mittagessen: Zoodles mit Grünkohl-Pesto

Zutaten für 4 Portionen:

- Pesto:
- 6 Blätter Grünkohl
- 40 g frisches Basilikum
- 4 EL Olivenöl
- 40 g Walnüsse
- 20 g Cashews
- 1 Limette / Saft
- 1 EL Zwiebelpulver
- Salz, Pfeffer
- Zoodles:
- 2 Zucchini
- 8 Cherrytomaten
- 1 TL Olivenöl
- Topping:
- 1 EL Pinienkerne

NÄHRWERTE PRO PORTION:

332 KCAL | 8,1 G KOHLEHYDRATE | 9,3 G EIWEISS | 28,1 G FETT

Zubereitung:

1. Weichen Sie Walnüsse und Cashews über Nacht in Wasser ein und gießen das Wasser weg.
2. Blanchieren Sie die Grünkohlblätter einige Minuten in heißem Wasser und schrecken sie danach mit kaltem Wasser ab und schneiden sie in Streifen. Rösten Sie die Pinienkerne in einer Pfanne ohne Öl.
3. Geben Sie alle Zutaten unter „Pesto“ in einen Mixer und mixen sie zu einer groben Paste.
4. Schneiden Sie die Zucchini mit dem Spiralschneider zu Zoodles und dünsten sie bissfest.
5. Vierteln Sie die Cherrytomaten und braten sie rundum in Öl an.
6. Servieren Sie die Zoodles mit Pesto und den gebratenen Tomaten und bestreuen das Gericht mit gerösteten Pinienkernen.

Snack: Obstsalat aus 100 g Heidelbeeren, 1 Banane und 30 g Walnüssen

Abends: Fenchelsalat mit Pellkartoffeln (Seite 49)

Dessert: Zitronen-Tarte (Seite 85)

Tag 8

Frühstück: Mango-Drink

Zutaten für 1 Portion:

- 150 g Mango
- 150 ml Mandelmilch
- 2 Soft-Datteln
- 1 EL Quinoaflocken
- 1 EL Limettensaft

NÄHRWERTE:

80 KCAL | 11,6 G KOHLEHYDRATE | 1,1 G EIWEISS | 2,1 G FETT

Zubereitung:

Schneiden Sie die Mango und die Datteln klein und pürieren sie mit den anderen Zutaten im Mixer.

Mittagessen: Vegetarisches Sushi (Seite 98)

Snack: 1 Scheibe Buchweizen-Brot mit Bohnenaufstrich (Seite 72)

Abends: Cremige Gemüsenudeln (Seite 37)

Dessert: Aprikosen-Kuchen mit 2 EL Mandelmus (Seite 80)

Tag 9

Frühstück: Fruchtriegel mit Beerenkonfitüre

Zutaten für 8 Riegel:

- 2 Bananen
- 100 ml Traubenkernöl
- 1 EL Agavendicksaft
- 160 g Quinoa-Flocken
- 120 g Dinkel-Vollkornmehl
- Konfitüre:
- 100 g Brombeeren
- 50 g Erdbeeren
- 50 g Himbeeren
- 1 EL Limettensaft
- 2 EL Chiasamen

NÄHRWERTE PRO RIEGEL:

289 KCAL | 32,9 G KOHLEHYDRATE | 5,4 G EIWEISS | 14 G FETT

Zubereitung:

1. Bereiten Sie zunächst die Beerenkonfitüre zu, indem Sie die Beeren waschen, putzen und (wenn nötig) kleinschneiden. Geben Sie sie dann in einen Topf und köcheln sie bei kleiner Hitze so lange, bis sie etwas eingedickt sind.
2. Pürieren Sie die Beeren mit dem Stabmixer und fügen Limettensaft und Chiasamen zu. Lassen Sie die Konfitüre abkühlen, währenddessen quellen auch die Chiasamen und geben der Konfitüre die gelartige Konsistenz.
3. Für die Riegel zerdrücken Sie zunächst die Bananen in einer großen Schüssel und fügen Öl und Agavendicksaft zu. Verrühren Sie alles gut miteinander.
4. Arbeiten Sie nun die Quinoa-Flocken und das Dinkel-Vollkornmehl ein. Vermischen Sie alles zu einem klebrigen Teig.
5. Kleiden Sie eine rechteckige Backform (etwa 22 x 22 cm) mit Backpapier aus und drücken etwa 2/3 des Teigs hinein, sodass er überall gleichmäßig dick aufliegt.
6. Bestreichen Sie den Teig mit der Konfitüre und krümeln den restlichen Teig darüber.
7. Backen Sie den Teig bei 180°C etwa 20 Minuten und lassen ihn mindestens 20 Minuten abkühlen, bevor Sie ihn in Riegel schneiden.

Mittagessen: Afrikanischer Eintopf (Seite 33)

Snack: 2 Scheiben Bananen-Brot (Seite 67)

Abends: Gemüse-Omelette (Seite 54)

Dessert: Granatapfel-Crumble (Seite 86)

Tag 10

Frühstück: Reis-Müsli (Seite 25)

Mittagessen: Weißkohl Asia (Seite 58)

Snack: Obstsalat aus 1 Apfel, 30 g Walnüssen und 1 EL Rosinen

Abends: Knusprige Pilzbällchen mit Avocado-Salsa (Seite 71)

Dessert: Pfannkuchen mit Schokocreme

Zutaten für 4 Portionen:

- Pfannkuchen:
- 160 g Buchweizenmehl
- 50 g gemahlene Mandeln
- 200 ml Mandelmilch (ungesüßt)
- 1 EL Öl

- Schokocreme:
- 200 g Datteln
- 50 ml Mandelmilch (ungesüßt)
- 3 EL Kakao
- 1/2 TL Vanille-Extrakt

NÄHRWERTE PRO PORTION:

409 KCAL | 63,6 G KOHLEHYDRATE | 8,4 G EIWEISS | 11,4 G FETT

Zubereitung:

1. Bereiten Sie zunächst die Schokocreme zu:
   a. Weichen Sie die Datteln einige Stunden ein. Danach gießen Sie das Wasser weg.
   b. Geben Sie alle Creme-Zutaten in einen Mixer und mixen auf der höchsten Stufe, bis eine cremige Masse entsteht. Stellen Sie die fertige Creme erst mal zur Seite.
2. Vermengen Sie alle trockenen Zutaten für die Pfannkuchen in einer Schüssel und rühren so lange Mandelmilch dazu, bis ein dickflüssiger Teig entsteht.
3. Erhitzen Sie in einer Pfanne etwas Öl und backen nach und nach die Pfannkuchen heraus.
4. Bestreichen Sie die Pfannkuchen mit Schokocreme und rollen sie auf.

Tag 11

Frühstück : Kiwi-Grapefruit-Smoothie

Zutaten für 2 Portionen:

- 1 TL geriebener frischer Ingwer
- 1 Kiwi, geschält und in Stücke geschnitten
- 1 Banane, geschält und in Scheiben geschnitten
- 1 Pink-Grapefruit / Saft und Fruchtfleisch
- 1 EL Mandelmus
- 2 EL Kokosmilch

NÄHRWERTE PRO PORTION:

136 KCAL | 20,4 G KOHLEHYDRATE | 2,1 G EIWEISS | 4,4 G FETT

Zubereitung:

Geben Sie alle Zutaten in einen Mixer und mixen daraus einen cremig-dick-flüssigen Smoothie.

Mittagessen: Exotischer Nudelauflauf (Seite 35)

Snack: Süßkartoffel-Fritten mit Hummus-Dip (Seite 75)

Abends: Möhren-Ingwer-Suppe mit 1 Scheibe Vollkornbrot (Seite 61)

Dessert: Walnuss-Fudge (Seite 84)

Tag 12

Frühstück: 2 Scheiben Zucchini-Brot mit 20 g Bohnenaufstrich (Seite 72)

Mittagessen: Indisches Möhren-Curry mit 30 g Vollkornreis (roh gewogen) (Seite 44)

Snack: Gemüsechips mit Hummus-Dip (Seite 95)

Abends: Erbsen-Avocado-Aufstrich mit Radieschen und 1 Scheibe Vollkornbrot (Seite 103)

Dessert: Birnen-Erdbeer-Pudding

Zutaten für 2 Portionen:

- 1 große reife Birne
- 1 Orange / Saft
- 50 g Erdbeeren
- 300 ml Mandelmilch (ungesüßt)
- 3 EL Chiasamen
- 1 TL Agavendicksaft
- ein paar Tropfen Vanille-Extrakt oder Mark einer halben Vanilleschote
- 1 EL gehackte Pinienkerne
- 1 kräftige Prise Zimt

NÄHRWERTE PRO PORTION:

259 KCAL | 26,4 G KOHLEHYDRATE | 8,7 G EIWEISS | 11,2 G FETT

Zubereitung:

1. Lassen Sie die Chiasamen etwa 1/2 Stunde in der Mandelmilch quellen.
2. Währenddessen entkernen Sie die Birne, putzen die Erdbeeren und schneiden beides grob in Stücke.
3. Pürieren Sie die zerkleinerten Früchte zusammen mit dem Orangensaft, Agavendicksaft und Zimt mit einem Stabmixer und rühren den Chiapudding unter.
4. Rösten Sie die Pinienkerne in einer Pfanne ohne Öl und bestreuen den fertigen Pudding damit.

Tag 13

Frühstück: Superfood-Smoothie, dazu 1 Stk. Müsli-Riegel (Seite 16)

Mittagessen: Kürbis-Grünkohl Bowle mit 30 g Vollkornreis (roh gewogen) (Seite 31)

Snack: 30 g Paranüsse und 4 Datteln mit 1 EL Mandelmus-Dip

Abends: zum Melonen-Gurken-Salat 1 Stück Vollkorngebäck

Melonen-Gurken-Salat

Zutaten für 4 Portionen:

- 300 g Wassermelone
- 1 große Salatgurke
- 1 Avocado
- 1 Handvoll kleine Brokkoliröschen
- 100 g Papaya
- 50 g Pinienkerne
- 100 g Babyspinat
- Dressing:
- 40 ml Olivenöl
- 30 g Preisel- oder Gojibeeren
- 2 Datteln
- 2 Zehen Knoblauch
- 1 kleine Zwiebel, grob gehackt
- ½ TL Kurkuma
- 2 EL Apfelessig
- 3 cm geriebener frischer Ingwer
- 1 EL Zitronensaft

NÄHRWERTE PRO PORTION:

374 KCAL | 17,8 G KOHLEHYDRATE | 9,1 G EIWEISS | 27,8 G FETT

Zubereitung:

1. Schälen Sie Melone, Papaya und Gurke und schneiden sie in mundgerechte Würfel, den Spinat schneiden Sie in Streifen. Vermengen Sie alles in einer ausreichend großen Schüssel.

   Rösten Sie die Pinienkerne in einer Pfanne ohne Öl.
2. Schneiden Sie die Avocado in kleine Spalten. Dünsten Sie die Brokkoliröschen in etwas Wasser bissfest. Beides ebenfalls in die Schüssel geben und untermischen.
3. Für das Dressing mixen Sie Preiselbeeren und Datteln zu einer Paste. Dann geben Sie die weiteren Dressingzutaten dazu und mixen noch mal, bis alles eine homogene Masse ist.
4. Marinieren Sie den Salat damit und bestreuen ihn mit gerösteten Pinienkernen.

Dessert: Zitronen-Tarte mit 1 EL Schlagsahne (Seite 85)

Tag 14

Frühstück: Exotic-Smoothie mit 1 Scheibe Bananen-Brot (Seite 20)
Mittagessen: Dinkelvollkorn-Penne mit Pesto Rosso (Seite 64)
Snack: 1 Vollkorngebäck mit Bohnenaufstrich (Seite 72)
Abends: Rotkohlsalat mit 1 Stück getoastetem Vollkornbrot (Seite 74)
Dessert: Mandel-Konfekt

Zutaten für 30 Stück:

- 150 g Mandeln
- 150 g Cashews
- (Mandeln und Cashews über Nacht in Wasser einweichen)
- 100 g Softdatteln, entkernt
- 1 EL Kakaopulver
- Mark einer halben Vanilleschote
- 2 EL geriebene Pistazien

NÄHRWERTE PRO STÜCK:

79 KCAL | 4,4 G KOHLEHYDRATE | 2,2 G EIWEISS | 5,7 G FETT

Zubereitung:

1. Geben Sie Mandeln und Cashews in einen Hochleistungsmixer und mahlen die Kerne fein.
2. Pürieren Sie die Datteln ebenfalls im Mixer zu einer feinen klebrigen Paste.
3. Verkneten Sie die Dattelpaste mit den feingemahlenen Kernen, dem Kakaopulver und der Vanille.
4. Formen Sie daraus kleine Kugeln, die Sie in den Pistazien wälzen.

EXKLUSIVER BONUS

35 exklusive Abnehmrezepte

inkl. 14-Tage-Abnehmplan, um dauerhaft Bauchfett zu verlieren und schlank zu bleiben

Halten Sie Ihre Handykamera einfach auf den QR Code und kommen Sie so zu dem Gratis-Download:

QR-Code mit Kamera scannen und GRATIS Bonus erhalten:

Haftungsausschluss

Dieses Buch enthält Meinungen und Ideen des Autors / der Autorin und hat die Absicht, Menschen hilfreiches und informatives Wissen zu vermitteln. Die enthaltenen Strategien passen möglicherweise nicht zu jedem Leser, und es gibt keine Garantie dafür, dass sie auch wirklich bei jedem funktionieren. Die Benutzung dieses Buchs und die Umsetzung der darin enthaltenden Informationen erfolgt ausdrücklich auf eigenes Risiko. Haftungsansprüche gegen den Autor für Schäden materieller oder ideeller Art, die durch die Nutzung oder Nichtnutzung der Informationen bzw. durch die Nutzung fehlerhafter und/oder unvollständiger Informationen verursacht wurden, sind ausdrücklich ausgeschlossen. Das Werk, inklusive aller Inhalte, gewährt keine Garantie oder Gewähr für Aktualität, Korrektheit, Vollständigkeit und Qualität der bereitgestellten Informationen. Druckfehler und Fehlinformationen können nicht vollständig ausgeschlossen werden.

Impressum: Ataro Kitap Yayıncısı, İsmet Kaptan, Gazi Blv. No:116, 35210 Konak/İzmir, Turkey, atarokitap.izmir@gmail.com

Printed in Poland
by Amazon Fulfillment
Poland Sp. z o.o., Wrocław

17011309R00066